잭 트라우트

우리에게 포지셔닝이란 개념으로 잘 알려져 있는 잭 트라우트는 세계적인 베스트셀러의 저자이자, 세계 최고의 마케팅 전략가이다.

그가 회장으로 있는 Trout & Partners는 전세계 13개국에 지사를 두고 AT&T, IBM, 버거킹, 메릴린치, 제록스, 로터스, 에릭슨, 테트라팩, 렙솔, 휴렛팩커드, P&G, 사우스웨스트 항공사와 같은 〈포춘〉지 선정 500대 기업들과 함께 일하고 있다.

잭 트라우트는 GE의 광고 부서에서 직장 생활을 시작한 이래로 유니로얄의 마케팅 매니저를 거쳐, 후에 광고 에이전시 및 마케팅 전략 회사에서 알 리스AI Ries를 만나게 된다. 그들은 26년간 함께 일했다.

알 리스와 함께 집필한 『포지셔닝』은 마케팅의 고전으로 20년이 지난 지금까지도 마케팅을 배우려는 사람들에게 기본 교과서로 여겨지고 있으며, 『마케팅 전쟁』과 함께 14개 언어로 번역 출간되었다. 경쟁이 극심했던 90년대에 왜 마케팅 프로그램이 성공하거나 실패하는지 그 이유를 설득력 있게 분석한 『마케팅 불변의 법칙』, 포지셔닝의 후속작 『뉴 포지셔닝』, 『단순함의 원리』, 『튀지 말고 차별화하라』, 『빅 브랜드, 성공의 조건』 등을 잇달아 출간하여 큰 반향을 일으켰다.

잭 트라우트가 자신의 책에서 주장하는 원칙들은 수십 년 동안 직접 세계 각지의 크고 작은 회사들을 컨설팅하고 자문을 제공하면서 완성된 것이다. 『잭 트라우트, 비즈니스 전략』에는 이런 비즈니스 원칙과 핵심 전략이 생생하게 다루어 질 것이다. 경쟁이 치열한 오늘날의 비즈니스 환경을 이해하는 데 있어서, 잭 트라우트가 제시하는 놀라운 통찰력은 우리에게 귀중한 실마리를 제공할 것이다.

잭 트라우트, 비즈니스 전략

Jack Trout on Strategy

Korean Language Edition Copyright © 2004 by McGraw-Hill Korea, Inc.
All rights reserved. No part of this publication may be reproduced or distributed in any form or by any means, or stored in a database or retrieval system, without prior written permission of the publisher.

1 2 3 4 5 6 7 8 9 10 CHR 20 09 08 07 06 05 04

Original : Jack Trout on Strategy
 By Jack Trout
 ISBN 007-143794-0

This book is exclusively distributed in The ChungRim Publishing.
When ordering this title, please use ISBN 89-352-0570-2
Printed in Korea

TROUT ON STRATEGY

잭 트라우트, 비즈니스 전략

잭 트라우트 지음 · 이수정 옮김

차별화

경쟁력

전문화

단순함

리더십

…

이 모두가

제대로 된 비즈니스

전략에서 시작된다.

한 그루의 나무가 모여 푸른 숲을 이루듯이
청림의 책들은 삶을 풍요롭게 합니다.

모든 책들을 쓰는 동안
함께해 준
나의 아내에게

한국의 독자들에게

　한국은 지난 몇 년 동안 글로벌 시장에서 선전했지만 아직도 고부가가치 산업보다는 가격 경쟁력을 기초로 한 성장이 중심이 되고 있다. 자신 있게 고가 정책을 펼치기 위해서는 제조 기술력에 더해 반드시 마케팅 능력을 키워야 한다.

　마케팅 능력이란 수많은 브랜드들이 전쟁을 펼치는 시장에서 엄청난 경쟁을 뚫고 이기는 법을 알게 된다는 의미이다. 그것을 배우기 위한 가장 좋은 방법은 경쟁이 가장 치열한 미국 시장을 실험실로 삼는 일이다. 지금부터 본격적으로 브랜드를 육성해야 하는 한국의 기업들은 이미 많은 기업들이 저지른 실수를 되풀이할 필요는 없을 것이다.

　지금까지 집필한 12권의 책에서 나는 이 거대한 실험실에서 일어났던 일들을 자세히 기록하고 분석했다. 그리고 이 책 《잭 트라우트, 비즈니스 전략》에서는 이제까지 내가 말해 왔던 것들을 정리하여 가장 핵심적인 비즈니스 전략에 대해 여러분께 설명할 것이다. 나는 이것이 여러분들이 '코리아'라는 브랜드를 강력하게 키우는 데 있어서 좋은 출발점이 되리라고 믿는다.

잭 트라우트

차례

한국의 독자들에게 — 잭 트라우트 · 7
머리말 — 잭 트라우트 · 13

CHAPTER **1**
전략은 생존과 직결된다

저녁거리를 위한 낚시 · 20   저녁거리 찾아가기 · 21   선택의 폭발 · 21   분할의 법칙 · 25   선택 산업 · 27   선택은 점점 가혹해지고 · 28   상황은 더욱 나빠져 갈 것이다 · 29

CHAPTER **2**
전략은 인식과 직결된다

마음은 제한적이다 · 34   마음은 혼란을 싫어한다 · 38   마음은 불확실하다 · 43   마음은 변하지 않는다 · 49   마음은 초점을 잃기 쉽다 · 52

CHAPTER **3**
전략은 차별화와 직결된다

퀄리티 전쟁 · 60   소비자 만족을 위한 전쟁 · 61   '원조 되기'를 통한 차별화 아이디어 · 63   '속성 갖기'를 이용한 차별화 · 64   리더십을 이용한 차별화 · 67   전통을 이용한 차별화 · 71   상품 제조 과정을 통한 차별화 · 75   대단함을 이용한 차별화 · 79

CHAPTER **4**
전략은 경쟁과 직결된다

'더 나은 인력'에 관한 오류 · 85   '더 나은 상품'에 관한 오류 · 87   그렇게 똑똑하면서 왜 부자가 되지 못했나? · 89   전쟁이 되어 버린 마케팅 · 90   철학의 변화 · 91   경쟁사 지향으로 · 92   전술과 전략 · 101   전술 대 전략 · 104

CHAPTER **5**
전략은 전문화와 직결된다

귀중한 교훈 · 108   또 다른 귀중한 교훈 · 109   유통 업계도 사정은 마찬가지 · 110   성장을 향한 대칭점 · 111   전문가 되기 · 113   출판업계에서의 꿈같은 성공 사례 · 114   일반화 되기 · 115   작은 전문가들 · 116   거인 전문가들 · 117   나쁜 소식도 있다 · 119   CEO의 취미를 경계하라 · 120   사실을 말하라, 그리고 알려라 · 121

CHAPTER **6**
전략은 단순화와 직결된다

분명함을 찾아서 · 123   길거리에서 얻은 결과 · 125   리서치는 혼란을 가져올 수 있다 · 127   데이터에 현혹되지 말라 · 129   포커스 그룹에 현혹되지 말라 · 131   시험 시장에 현혹되지 말라 · 133   사람들의 말을 전부는 믿지 말라 · 134   사람의 마음을 순간 포착하라 · 135   마음속에 단어 소유하기 · 137   복잡한 언어는 혼동을 준다 · 139   비즈니스에서 통용되는 거창한 언어 · 141

CHAPTER **7**
전략은 리더십이다

최전방으로 나가라 · 151   필요한 것은 정직한 의견이다 · 154
필요한 것은 인정할 만한 리더다 · 155   숫자가 중요한 것이
아니다 · 158   인식이 중요하다 · 159   장기적으로 생각해야
한다 · 161   끈기를 갖고 매달려야 한다 · 162   리더는 훌륭한
장군이다 · 164

CHAPTER **8**
전략은 현실이다

성장의 덫 · 170   15퍼센트에 얽힌 망상 · 172   숫자를 둘러싼
진실 · 173   불가능한 목표 · 174   무조건 크고 볼 일이다? · 175
융합으로 크기 위장하기 · 177   크면 관리가 잘되지 않는다 · 178
개인의 발자국 남기기 · 179   고전하는 CEO들 · 180   계속
접촉하기 · 181   실제 시장의 현실 · 182

머리말

참으로 긴 여정이었다.

제너럴 일렉트릭General Electric에서 출발해 미국을 비롯, 전 세계 수백 군데의 기업을 두루 거쳐 오는 동안, 나는 비즈니스 세계에서 무엇이 성공과 실패를 갈라놓는지에 대해 깨달음을 얻는 귀중한 시간을 가질 수 있었다.

나는 그간의 내 경험을 일목요연하게 정리해서 10권의 책을 통해, 또 수천 명에 달하는 전 세계 비즈니스인들을 상대로 하는 강의를 통해 전파해 왔다.

내가 그동안 수없이 깨닫게 된 바는 '성공'이란 훌륭한 사람, 훌륭한 태도, 훌륭한 도구, 훌륭한 역할 모델, 훌륭한 조직을 확보했다고 해서 얻어지는 것이 아니라는 사실이다. 물론 이런 요인들이 도움이 될 수는 있다. 하지만 누군가를 '최고'의 자리에 올려놓기에는 역부족이다.

'성공'이란 훌륭한 '전략'을 확보하는 일과 직결된다.

전략은 경쟁력 있는 방향을 정해 주고, 상품 계획을 지휘하며, 기업 내·외부적으로 어떻게 커뮤니케이션을 해야 하는지, 무엇에 초점을 맞추어야 하는지 가르쳐 주기 때문이다.

바로 이 때문에 '전략'이 무엇인지를 제대로 이해하는 일은 대단히 중요하다. 전략에 대해 더 잘 이해하면 이해할수록 성공으로 가는 보다 훌륭한 전략을 택할 수 있게 된다. 바꿔 말하면, 큰 문제를 피하는 방법을 터득하면 할수록 오늘날과 같이 극심한 경쟁 국면에 대응하기가 수월해진다는 것이다.

그렇다고 지금까지 이와 같은 주제에 대해 전문가들의 조언이 부족했다는 것은 아니다. 지난 30년 동안 전략 수립과 마케팅을 주제로 해서 저술된 책만 해도 2만 1,955권에 달한다. 어떤 사람이 '지속 가능한 경쟁적 우위'를 강조한 책을 쓰면, 한편에서는 그런 아이디어는 이미 구시대적 발상이라고 받아친다. 또 어떤 저자가 사례 연구의 중요성에 대해서 지론을 펼치면, 다른 이는 사례 연구를 전략 결정의 근거로 삼으면 안 된다고 주장한다. '역동적 우위', '컨조인트 분석', '경쟁적 역동성', '공동 진화', 거기다 한술 더 떠 '지속 가능한 경쟁적 열위'에 이르기까지 설전은 끝이 없다.

그러나 보다 심각한 사태는 이런 설전 중에 전략과 마케팅이 완전히 별개의 개념이라고 말하는 이들도 있다는 사실이다. 성공하고자 한다면 전략과 마케팅은 굳게 결속되어야 한다. 마케팅은 비즈니스를 주도해 가는 힘이다. 치열한 경쟁 사회에서 적절한 마케팅 없이는 제아무리 훌륭한 비즈니스 전략이 있다 하더라도 결국 실패로 끝나고 말 가능성이 높다. 이런 관계에 대한 이해를 돕기 위해 다음의 예를 살펴보기로 하자.

어떤 작은 소프트웨어 회사가 프로젝트 매니지먼트 수행을 개선시킬 수 있는 소프트웨어 상품을 내놓았다. 그 신상품은 프로젝트 진행 과정에서 흔히 발생하는 불안정함을 전격 보완한, 지금까지와는 사뭇 다른 방법론을 적용한 것이었다. 한쪽에서는 이 회사가 경쟁사보다 더 좋은 상품을 개발했으니, 당연히 경쟁적 우위를 확보했다고 생각할 수 있을 것이다. 그래서 이 회사 경영진이 할 일이란 그저 그 상품을 마케팅 담당 부서에 넘겨주면서 그 '대단한' 소프트웨어가 왜 기존 제품보다 훌륭한지에 대해 소비자들에게 설명할 방법만 가르쳐 주면 된다고 생각할 수 있다. 하지만 이런 식의 접근은 실패할 가능성이 높다.

이 회사에게는 다수의 중소기업뿐 아니라 시장에서 발판을 확고히 다진 대기업 경쟁사가 두 곳이나 있다는 사실을 지나쳐서는 안 된다. 경쟁사들은 순식간에 이 작은 회사에 달려들어 게임장에서 밀어내려고 시도할 것이다. 그 경쟁사들은 기존의 프로젝트 매니지먼트 소프트웨어를 잘 알려지지도 않은 작은 회사의 것으로 바꾸는 것과 관련해서, 고객들이 경험할 수 있는 불안감을 부각시키는 전략을 구사할 것이다. 이 게임에서 이기기 위해, 처음의 작은 회사는 자신의 새 소프트웨어를 '차세대 프로젝트 매니지먼트 소프트웨어'로 포지셔닝하는 마케팅 프로그램을 구축해야만 한다. 그런 다음 이런 아이디어를 목표하는 소비자들의 마음속에 각인시키는 데 총력을 기울여야 한다. 이 '차세대' 이미지를 구축하느냐 하지 못하느냐가 이 회사의 성공과 실패를 갈라놓을 열쇠가 된다. '차세대' 이미지를 구축하게 되면, 규모 면에서 상대적으로 작은 회사에 대해 고객들이 가질 수 있는 본능적인 불안감을 상쇄시켜 줄 수 있다. 또 이미 한물간 것으로 인식된 상품을 사고 싶어할 사람은 아무도 없다.

위의 예에서 볼 수 있듯이, 이 개량 소프트웨어의 '차세대' 마케팅은 상품을 '보다 낫게 하기 to be better 보다는 원조 to be first 가 되는 편이 낫다'는 기본적인 포지셔닝 원칙을 적용하고 있다. 즉 마케팅이 비즈니스 전략을 주도하고 있는 것이다. 그런 관점에서 나는 '전략'의 정의를 이렇게 규정해 보았다.

한 회사를 상대적으로 특별하게 보이도록 만들어 주며, 현재의 고객과 잠재 고객들의 마음속에 자기만의 차별점을 각인시키는 최상의 방법.

위에서 본 사례에서는, 불안정함을 보완한 소프트웨어의 새로운 형식은 '특별한 차별점'이요, '차세대' 컨셉트는 소비자들의 마음속에 파고들 수 있는 최상의 방법인 셈이다.

나는 지금까지 성공과 실패를 다룬 많은 책을 써 왔지만 이제껏 한 번도 '훌륭한 전략이란 무엇인가?'에 대해 깊이 있게 다루어 본 적은 없었다. 그래서 나는 내 지난 저서들을 다시 읽어 보고 그중에서 옳은 경영을 하는 데 도움이 될 중요한 지침들을 추려 보았다. 이제까지 내가 글을 쓰던 방식과는 달리, 이 책에서는 약간의 예를 들고 있긴 하지만 그와 관련된 자세한 연구 사례를 다루지는 않았다. 그 대신 반드시 명심해야 할 원칙들로 대부분의 내용을 구성했다.

그런 의미에서 이 책은 이제껏 비즈니스 세상을 두루 돌아다닌 그 긴 여정에서 내가 '전략'에 대해 배운 지식의 요약본이라고 할 수 있겠다.

잭 트라우트

CHAPTER 1
전략은 생존과 직결된다

훌륭한 전략이야말로 치열한 경쟁 사회 속에서 살아남을 수 있는 방법이다. 훌륭한 전략을 이용하는 것이야말로 소위 '선택의 횡포 the tyranny of choice'로부터 살아남을 수 있는 방법이다.

초기 인류 사회에서는 '선택'이 문제가 되지 않았다. "저녁 식사로 무엇을 먹을까?"에 대한 우리 인류 초기 조상들의 답은 그리 복잡하지가 않았다. 근처에서 눈에 띄는 동물이면 무엇이건 간에 뛰어나가, 죽여서, 동굴로 끌고 오면 그뿐이었다.

그러나 오늘날의 현대 인류는 슈퍼마켓으로 걸어 들어가 다른 사람이 우리 대신 뛰어나가, 죽여서, 손질해서, 포장해 놓은, 그 종류나 부위가 다양하기 그지없는 고기들 앞에서 망연자실서 있어야 한다.

이제는 저녁거리를 잡아 오는 것이 문제가 아니다. 지금의 문제는 슈퍼마켓 선반 위에서 우리를 응시하고 있는 수없이 많은 고기들 중 무엇을 사야 할지 결정을 해야 하는 것이다. 쇠고기 살코기를 살까? 닭고기를 살까? 아니면 돼지고기를 살까? 그것도 아니면 아예 고기인 척 흉내만 낸 가짜 고기를 살까?

하지만 이것도 겨우 시작에 불과하다. 다음에는 선택한 고기의 어떤 부위를 살지 생각해야 한다. 등심? 갈비? 다리 살? 아니면 엉덩이 살? 그뿐인가? 고기를 먹지 않는 가족을 위해서는 또 무엇을 사서 집으로 가져가야 한단 말인가?

저녁거리를 위한 낚시

옛날 우리 조상들은 낚시를 갈 때, 그저 막대기 하나를 뾰족하게 만들어서 재수나 좋기를 빌면 그뿐이었다.

하지만 오늘날의 낚시는 배스 프로 숍Bass Pro Shop이나 엘엘 빈L. L. Bean, 카벨라Cabela's, 오비스Orvis를 헤집고 다니면서 끝도 없이 늘어서 있는 낚싯대, 낚싯줄, 미끼, 옷, 보트 등에 치여 현기증을 느끼게 되는 일이 되어 버렸다.

미주리 주의 스프링필드에 있는 배스 프로 숍은 그 매장 면적이 무려 8,500여 평에 달한다. 그곳에서는 손님이 자신의 머리카락을 미끼로 쓸 수 있도록 즉석에서 머리카락을 잘라 주기도 한다.

뾰족한 막대기 하나면 될 일이 엄청나게 변해서 여기까지 온 것이다.

저녁거리 찾아가기

오늘날의 현대 인류는 자기가 먹을 저녁거리로 무엇이 좋을지 아예 다른 사람을 통해서 해결하는 편이 더 쉽다는 사실을 깨달았다. 하지만 뉴욕 같은 대도시에서는 '누구'를 찾아가야 할지 결정하는 일도 쉽지가 않다.

바로 이런 어려운 선택의 문제를 해결하는 데 도움을 주기 위해 1979년 니나Nina와 팀 재거트Tim Zagat가 최초로 뉴욕 시 레스토랑 서베이를 만들었다.

오늘날, 미국은 물론 세계의 주요 40여 개 도시의 10만 개에 이르는 레스토랑을 일일이 조사해서 등급을 매기는 작은 수첩 크기의 〈재거트 서베이Zagat Survey〉는 해마다 베스트셀러가 되고 있다.

선택의 폭발

최근 수십 년 사이 우리 비즈니스계에서 일어난 가장 큰 변화는 거의 모든 카테고리에 걸쳐 상품 선택의 획기적인 다각화 현상이 일어났다는 점을 들 수 있을 것이다. 미국의 경우, 전체 생산품의 최소 상품 유지 단위, 즉 SKUStock Keeping Units가 자그마치

100만 개로 추산되고 있다. 보통 슈퍼마켓은 4만 SKU를 갖고 있다. 놀라운 것은 보통 소비자 가족이 수요의 80~85퍼센트를 고작 150SKU 정도에서 해결하고 있다는 사실이다. 다시 말해 한 가게 안에서 우리가 그냥 스치고 지나가는 품목만 무려 3만 9,850개에 달한다는 계산이 나온다.

1950년대에는 자동차를 살 경우 선택 범위가 GM, 포드, 크라이슬러, 아메리칸 모터스 정도가 고작이었다. 하지만 지금은 GM, 포드, 다임러크라이슬러, 도요타, 혼다, 폴크스바겐, 피아트, 닛산, 미쓰비시, 르노, 스즈키, 다이하츠, BMW, 현대, 다이와, 마즈다, 이스즈, 기아, 볼보 중에서 선택해야 한다. 1970년대 초기에 출시된 자동차 모델은 140종 정도였지만 지금은 260종이 넘는다.

차량 가격대가 17만 5,000달러 정도인 페라리 스타일의 스포츠카 시장으로 범위를 좁혀 보더라도 그렇다. 람보르기니, 신형 벤틀리 스포츠카, 애스턴 마틴, 그리고 비전 SLR$^{Vision SLR}$이라는 메르세데스 신형 모델까지, 경쟁 국면은 이제 점점 치열해지고 있다.

30년 전만 하더라도 자동차 제조 회사들이 내놓는 모델은 여섯 가지 정도에 불과했다. 하지만 지금은 그 종류가 너무 많아(스포츠용 차량, 로드스터, 해치백, 쿠페, 미니밴, 왜건, 픽업, 거기다 다용도 차량까지) 외주 제작을 하지 않으면 안 되는 지경에 이르렀다. 이제는 오스트리아에 있는 자동차 제조 회사가 BMW, 지프, 메르세데스, 사브를 만들어 내고 있다. 고인이 된

헨리 포드Henry Ford가 이런 상황을 내려다보고 있다면 아마 벌어진 입을 다물지 못하리라. 그의 상품 컨셉트는 '모두 다 검은색, 모두 다 똑같이'였기 때문이다.

그뿐인가? 위의 자동차들에 장착하는 타이어에 대한 선택의 다각화 정도는 한술 더 뜬다. 이전에는 굿이어, 파이어스톤, 제너럴, 시어즈 정도가 고작이었다. 하지만 지금은 굿이어, 브리지스톤, 코도반, 미슐랭, 쿠퍼, 데이턴, 파이어스톤, 켈리, 던롭, 시어즈, 멀티-마일, 피렐리, 제너럴, 암스트롱, 센트리, 유니로열 외에도 22개의 타이어 브랜드가 더 있다.

이전에는 지역 회사들끼리 '같은' 비즈니스를 놓고 경쟁 구도를 이루던 국내 시장이 지금은 전 세계에 걸쳐 '모든' 회사가 '모든' 비즈니스를 놓고 경쟁 구도를 이루는, 이른바 글로벌 시장이 되었다. 그야말로 엄청난 변화가 아닐 수 없다.

건강 보험의 선택

우선 건강 보험 같은 기초 분야를 생각해 보자. 과거에는 주치의, 단골 병원 같은 말만 주로 들었을 것이다. 그때는 대략 블루 크로스Blue Cross, 그리고 애트나 유에스 헬스캐어Aetna/US Healthcare, 메디캐어Medicare(노인 및 장애인 의료 보장 제도), 메디케이드Medicaid(저소득층 의료 보험) 등이 있었다. 그런데 지금은 어떤가? 메드파트너MedPartners, 시그나Cigna, 프루케어Prucare, 컬럼비아Columbia, 카이저Kaiser, 웰포인트Wellpoint, 쿼럼Quorum, 옥스퍼드Oxford, 아메리케어Americare, 멀티플랜Multiplan 등 건강 보험 분야에 전혀 새로운 이름의 의료 혜택 상품들이 생겨났다. 그뿐만 아니라 종합 건강 관리 서비스 회사^{HMOs}, 동료 심사 기구^{PROs}, 의사 병원 기구^{PHOs}, 선택 의사 진료 기구^{PPOs} 같은 새로운 개념도 많이 생겨났다.

선택은 지금도 확대되고 있다

우리가 이제껏 살펴본 것은 현재 세계에서 가장 많은 '선택'이 존재하는 미국 시장(왜냐하면 미국 시민이 가장 많은 돈을 가지고 있을 뿐 아니라 그 돈을 벌고자 하는 마케팅 인구도 가장 많기 때문)에서 일어난 일이다.

그렇다면 이번에는 중국 같은 신흥 경제 국가의 경우를 보기로 하자.

오랜 세월 동안 국영 기업이 제조하는 제네릭 푸드$^{generic\ food}$(특정 상표 없이 상품명만 붙여서 판매하는 음식)를 사 먹는데 그쳐야 했던 중국의 소비자들이 이제는 시장 갈 때마다 국내뿐만 아니라 국제 브랜드 네임으로 판매되는 다종 다양한 상품들을 놓고 선택권을 행사할 수 있게 되었다. 최근의 조사 결과에 따르면, 중국 내의 브랜드 네임 식품 시장이 드디어 세계 수준으로 떠오르고 있다고 한다. 현재 중국에서는 135종의 국내 식품 브랜드가 소비자의 선택을 기다리고 있다. 물론 아직은 아니지만 분명 중국도 언젠가는 선택의 횡포 아래 신음하게 될 날을 맞게 될 것이다.

그런 한편, 이 세상에는 아직 '떠오를' 생각조차 못하고 있는 시장도 있긴 하다. 라이베리아, 소말리아, 탄자니아, 북한 같은 나라들은 너무 빈곤하고 혼란스러운 국내 사정으로 인해 소비자들의 눈에 '선택'이란 그저 그림의 떡일 뿐이다.

분할의 법칙

선택을 강요하는 것은 바로 '분할의 법칙law of division'이다. 이 분할의 법칙에 대해서는 1993년 알 리스Al Ries와 내가 《마케팅 불변의 법칙The 22 Immutable laws of marketing》를 공동 집필하면서 처음으로 언급한 바 있다.

컴퓨터와 마찬가지로 자동차도 처음에는 하나의 카테고리에서 출범했다. 그러던 것이 3개의 브랜드(시보레Chevrolet, 포드Ford, 플리마우스Plymouth)가 자동차 시장을 나눠 가지면서 하나였던 카테고리는 분할되었다.

오늘날 유선 방송은 선택할 수 있는 채널이 150개 이상이나 된다. 그것도 모자라 케이블 산업의 '500채널 확보'의 꿈을 무색하게 만들어 놓겠다는 듯 '스트리밍 비디오streaming video'로 또 우리를 위협하고 있다. 이 정도면 우리가 볼 만한 프로그램을 찾으려고 채널을 돌리는 그 시간에 이미 볼 만한 쇼들은 모두 끝나 버리고 만다는 이야기가 된다.

'분할'은 아무도 막을 수 없는 과정이다. 만일 조금이라도 의심나는 사람이 있다면 다음에 제시하는 표를 유의해서 살펴보기 바란다.

폭발적인 선택의 증가		
품 목	1970년대 초기	1990년대 말기
자동차 모델	140	260
KFC 메뉴	7	14
자동차 스타일	654	1,121
프리토레이 과자 종류	10	78
SUV 자동차 스타일	8	38
아침 식사용 시리얼 종류	160	340
PC 모델	0	400
파이 종류	3	29
소프트웨어 타이틀	0	250,000
소프트 드링크 브랜드	20	87
웹 사이트 수	0	4,757,894
생수 브랜드 수	16	50
개봉 영화 수	267	458
우유 종류	4	19
공항 수	11,261	18,202
콜게이트 치약 종류	2	17
잡지 종류	339	790
구강 청결제 종류	15	66
신간 서적	40,530	77,446
치실 종류	12	64
지역 대학 수	886	1,742
처방약 종류	6,131	7,563
놀이 동산 수	362	1,174
진통제 종류	17	141
TV 화면 크기	5	15
리바이스 청바지 스타일	41	70
휴스턴 TV 채널 수	5	185
운동화 스타일	5	285
라디오 방송국 수	7,038	12,458
여성 양말 종류	5	90
맥도널드 메뉴	13	43
콘택트렌즈 종류	1	36

선택 산업

이 모든 현실로 인해, 오늘날 산업계 전체가 소비자 선택의 문제를 해결할 수 있도록 돕는 데 주력하고 있다. 이미 앞에서 재거트의 레스토랑 가이드에 대해서 이야기한 바 있다.

이제 우리는 어디를 가더라도 8,000여 종의 뮤추얼 펀드 중 어떤 것을 사면 좋은지 조언을 해 주겠다는 사람들을 쉽게 만날 수 있다. 세인트루이스에서 유능한 치과 의사를 찾을 때도, 수백 군데가 넘는 비즈니스 스쿨 중에서 어떤 MBA 프로그램을 골라야 하는지, 그 방법을 찾고자 할 때도 마찬가지다.

〈컨슈머 리포트Consumer Reports〉와 〈컨슈머 다이제스트Consumers Digest〉 같은 소비자 잡지들은 상품 카테고리를 번갈아 다루어 가며 상품과 선택의 횡포를 견뎌 보고자 애쓰고 있다. 다만 지나치게 세부적인 정보를 다루고 있어, 소비자들에게 더 심각한 혼란을 주고 있다는 사실이 문제가 되기는 하지만 말이다.

소비자 심리 연구가들은 지금의 이 '선택의 홍수'가 사람들을 멍청하게 만들고 있다고 말한다. 이와 관련해 캐롤 무그Carol Moog가 한 말을 보자.

"오늘날 너무 많은 선택이 주어지면서 사람들은 욕구가 생기는 그 즉시 충족시킬 수 있고, 즉각적인 만족감을 느낄 수 있게 되어 어린이들—심지어는 어른들까지—을 유아적 수준에 머무르게 하고 있다. 이런 현상을 마케팅 관점에서 본다면, 소비자들은 더 이상 무언가에 주의를 기울이고 싶어하지 않는다고 할 수 있다. 마치 프와 그라$^{foie\ gras}$ 거위(거위 간 요리를 위해 과다한 사료를 강제로 먹여 살찌운 거위)처럼 뚱뚱하고 무기력해지고 있으며 결정 능력을 상실하고 있다. 소비자들은 지나친 자극에 대한 반작용으로 뒷걸음치면서 자신을 방어하려 하고 있다. 사람들은 지쳐 가고 있다."

선택은 점점 가혹해지고

사전에서는 '횡포^{tyranny}'라는 말을 '엄격하고 가혹한 방식으로 행사되는 절대적 힘'이라고 정의하고 있다.

선택에 관해서도 마찬가지다. 치열한 경쟁 양상을 보이고 있는 오늘날의 시장은 이 '선택'에 의해 이끌려 가고 있다. 소비자가 선택의 기회를 많이 갖게 되면서 회사로서는 단 한 번의 실수라 할지라도 값비싼 대가를 치러야 하는 입장에 놓이고 말았다.

경쟁사가 치고 올라오면 다시 제자리로 돌아가기가 여간 어렵지 않다. 이런 현실을 이해하지 못한다면 그런 회사는 살아남기 힘들다. (이 정도면 가혹하다고 할 수 있지 않은가?)

여기서 잠깐 과거 잘 나가던 브랜드였으나 지금은 브랜드들의 묘지에 늘어서 있는 묘비명을 잠시 둘러보고 가자. 아메리칸 모터스$^{American\ Motors}$, 버거 셰프$^{Burger\ Chef}$, 카르테 블랑셰$^{Carte\ Blanche}$, 이스턴 에어라인$^{Eastern\ Airlines}$, 게인즈버거스^{Gainesburgers}, 김벨즈$^{Gimbel's}$, 헤더웨이 셔츠$^{Hathaway\ shirts}$, 혼 앤드 하다트$^{Horn\ \&\ Hardart}$, 미스터 솔티

프레젤Mr. Salty Pretzels, 필코Philco, 트럼프 셔틀Trump Shuttle, 비지캘크VisiCalc, 울워스Woolworth's.

이상은 이제 우리 곁에 존재하지 않는 이름들 가운데 그나마 아주 일부를 언급한 데 불과하다.

상황은 더욱 나빠져 갈 것이다

이런 가혹한 현실이 곧 진정되리라고 기대하지 않는 것이 좋다. 나는 '선택은 더 많은 선택을 양산한다'라는 단순한 이유 때문에 상황은 더욱 나빠지리라고 보는 쪽이다.

《더 빨리Faster》라는 제목의 책에서 저자인 제임스 글릭James Glieck은 우리의 미래를 '거의 모든 것의 가속화'로 표현하면서, 그 혼란스러움에 대해 자세히 언급하고 있다. 그가 말하는 미래의 모습은 다음과 같다.

> 선택의 다각화 현상은 또 다른 양성 순환 고리positive feedback loop(자극을 증가시키는 방향으로 순환하는 구조)를 형성하게 된다. 제공되는 정보의 양이 많아지면 많아질수록, 우리를 돕기 위해 더 많은 인터넷 포털과 검색 엔진, 인포봇infobots이 생겨나 더 많은 정보를 쏟아 내게 된다. 더 많은 전화선을 갖게 될수록 사람들은 더 많은 필요성을 느낀다. 특허가 늘어날수록 특허권 담당 변호사와 특허 관련 조사 서비스는 늘어난다. 서점이나 인터넷에서 얻을 수 있는 요리 정보가 많아지면 많

아질수록 손님들에게 새로운 것을 제공하고 싶어하는 레스토랑 주인의 욕구는 더 커진다. 그래서 더 많은 요리 정보가 필요해진다.

이런 복잡화complication 현상은 선택의 폭을 확대하고, 선택은 테크놀로지의 발달을 부추기며, 테크놀로지는 또다시 복잡화를 조장하게 된다. 현대 사회에서 분배 체계와 제조상의 효율화가 이루어지지 않았다면, 또 수신자 부담 전화 번호와 특송 시스템, 바코드와 스캐너, 그리고 무엇보다 컴퓨터가 없었다면 선택이 이렇게까지 복잡다단해지지는 못했을 것이다.

여러분, 그러니까 우리가 이제껏 본 것은 겨우 빙산의 일각에 불과하다는 말이다.

진가를 발휘하는 것은

〈하버드 비즈니스 리뷰Harvard Business Review〉 2003년 7월호에서는 니트킨 노리아Nitkin Nohria, 윌리엄 조이스William Joyce, 브루스 로버슨Bruce Roberson이 주도했던 연구 프로젝트를 가리켜 '매니지먼트 실행에 관해 가장 훌륭한 연구'라고 칭송한 바 있다.

이들은 비즈니스 세계에서 그 진가를 발휘하게 되는 것은 CRM이니 TQM이니 BPR이니 하는 도구들이 아니라고 말하고 있다. 그리고 지금과 같은 치열한 경쟁 사회에서는 비즈니스의 기초를 확실히 다지는 일이야말로 남들보다 한발 앞서는 가장 중요한 노력이 될 수 있다고 말한다. 아마 그린 베이 패커스Green Bay Packers 미식 축구 팀의 명감독인 빈스 롬바디Vince Lombardi라면 이를 가리켜 '적확한 블로킹과 태클'이라고 감탄하지 않았을까 싶다.

위의 세 사람이 말하는 가장 중요한 기초란 바로 '명확하게 진술되고 명확하게 초점이 맞추어진 전략을 입안하고 유지하는 것'이다. 전략을 성공적으로 수행해 가려면 무엇보다 그 전략이 어떤 것인지 확실히 한 다음, 그 전략에 대해 소비자·고용인·주주들과 부단히 커뮤니케이션을 해야 한다. 즉 초점이 모아진 하나의 가치를 입안하자는 것이다. 이를 다시 바꾸어 말한다면 이렇게도 표현해 볼 수 있다.

"다른 회사 제품을 제쳐 두고 하필 당신 회사의 제품을 사야 하는 이유가 무엇입니까?"

전략의 정의

훌륭한 전략을 이용하는 것이 살아남을 수 있는 방법이라면, 이를 위한 첫걸음은 전략의 정의부터 살펴보는 일이 되겠다. 먼저 웹스터 뉴 월드 사전에 나와 있는 '전략strategy'의 정의를 살펴보자.

> 대규모 군대를 가동하는 일을 계획하고 지휘하는 것에 관한 과학. 그중에서도 특히 적과의 실제 대치 상황에 앞서 가장 유리한 위치에 군사력을 포진시키고자 하는 노력.

우리는 위의 정의가 '적군'을 염두에 두고 있는 군대 용어임을 알 수 있다. 전쟁터에서 '가장 유리한 위치'를 찾아내려면 먼저 그 전쟁터를 연구하고 이해하고 분석해야 한다. 그 전쟁터는 바로 소비자와 잠재 고객들의 마음속에 있다.

> **KeyPoint** 경쟁이 치열한 상황에서는
> 전략을 이용해야 살아남을 수 있다.

CHAPTER 2
전략은 인식과 직결된다

포지셔닝Positioning은 잠재 고객의 마음속에서 어떻게 '나'를 차별화할 수 있는가 하는 방법에 관한 것이다. 그렇다면 과연 커뮤니케이션 과정에서 잠재 고객들의 마음이 어떻게 작용하는지에 관해 알아보는 것이 무엇보다 중요하겠다.

이 주제에 관한 나의 첫 연구는 1969년으로 거슬러 올라간다. 그때 나는 〈인더스트리얼 마케팅 매니지먼트Industrial Marketing Management〉라는 잡지에 "포지셔닝은 오늘날의 '흉내쟁이me-too' 시장에서 사람들이 하는 게임의 일종"이라는 제목으로 글을 쓴 적이 있었다. (바로 그 무렵이 '선택의 횡포'가 그 반갑지 않은 얼굴을 내밀기 시작했을 때다.)

아직 한 번도 공개하지 않은 비밀이 하나 있다. 그 당시 나는 바로 앞 장에서 언급한 바 있는 '전략'의 사전적 정의에서 '포지셔닝'이라는 단어를 착안해 냈던 것이다. 그것은 바로 적군에 맞서 가장 유리한 '위치position'를 찾아낸다는 것이다.

그 후 1981년에 내 동료였던 알 리스와 함께 나는 아주 좋은 반응을 얻었던 《포지셔닝Positioning : The Battle for Your Mind》을, 1996년에는 《새로운 포지셔닝The New Positioning : The Latest on the World's #1 Business Strategy》을 출간했다. 이중에서 두 번째 책은 포지셔닝 과정에서 가장 중요한 다섯 가지 요소를 얼마나 잘 이해하느냐에 따라 비즈니스 전략이 성공하거나 실패할 수도 있다는 아이디어를 주요 내용으로 하고 있다. 여기서 잠깐 그 다섯 가지 요소들을 살펴보기로 하자.

마음은 제한적이다

컴퓨터의 기억 장치와 마찬가지로 사람의 마음에도 간직하기로 선택한 각각의 정보들을 저장해 두는 장소가 있다. 운용 면에서 본다면 사람의 마음과 컴퓨터는 닮은 점이 꽤 많다.

하지만 이 둘 사이에는 아주 중요한 차이가 하나 있다. 컴퓨터는 사람이 집어넣는 모든 정보를 무조건 받아들이지만 사람의 마음은 그렇지가 않다는 사실이다. 아니, 사실은 완전히 그 반대로 작동한다. 사람의 마음은 이해가 안 되는 새로운 정보를 거부한다. 그리고 그때그때 자신의 마음 상태에 어울리는 새 정보만을 받아들인다.

불충분한 저장고

사람의 마음은 전에 갖고 있던 지식이나 경험에 위배되는 정보를 거부한다. 뿐만 아니라 기존에 갖고 있는 지식이나 경험도 그 양이 그리 많지가 않다.

따라서 오늘날과 같은 과잉 커뮤니케이션 사회의 기준에서 본다면 이런 사람의 마음은 아무짝에도 쓸모없는 부적절한 저장고라는 말이 된다.

하버드 대학의 심리학자인 조지 밀러$^{George\ A.\ Miller}$ 교수에 따르면 일반적으로 사람의 머리는 한 번에 일곱 가지 이상의 정보를 감당하기 힘들어 한다고 한다. 그래서 사람이 기억해야 하는 목록들에는 으레 '일곱'이라는 말이 들어가는지도 모르겠다. 전화번호도 일곱 자리고, 세계 7대 불가사의, 세븐 카드 스터드 게임, 백설 공주와 일곱 난쟁이 등만 하더라도 그렇다.

주위 사람 아무에게나 하나의 상품 카테고리를 주고 마음속에 떠오르는 브랜드 네임을 꼽으라고 해 보라. 아마도 일곱 개 이상 줄줄 엮어 내는 사람은 드물 것이다. 그것도 관심이 많은 상품 카테고리인 경우에 그렇다. 관심이 적은 상품 카테고리의 경우, 보통 사람들은 고작해야 한 개나 두 개 정도의 브랜드밖에 기억해 내지 못할 것이다.

성서에 나오는 십계명을 한번 읊어 보자. 너무 어렵다면 암의 발병 여부를 알 수 있는 일곱 가지 위험 신호는 어떤가? 그것도 힘들다면 성서의 요한 계시록에 나오는 4인의 기수$^{Four\ Horsemen}$는 또 어떤가?

이런 질문들을 다 소화하기에 사람의 기억 저장고의 크기가 너무 작다면 시간이 갈수록 토끼 새끼 늘어나듯 쏟아져 나오는 그 많은 브랜드 네임들은 도대체 무슨 수로 따라잡을 수 있다는 말인가?

상품의 사다리

폭발적으로 늘어만 가는 상품들을 감당하기 위해 사람들은 마음속으로 상품과 브랜드의 순위를 매기는 나름대로의 방법을 터득해 냈다. 이를 가장 구체적으로 나타낼 수 있는 방법은 마음속에 하나의 사다리들을 그려 보는 것이다. 그 사다리의 발판 하나하나가 브랜드 네임이다. 그리고 각각의 사다리는 다른 상품 카테고리를 나타낸다.

어떤 사다리는 발판이 많고(일곱 개 정도면 많다고 보아야 하지 않을까?), 어떤 사다리는 발판이 적다.

동종 업계에서 시장 점유율을 높이고자 하는 신규 회사는 상위 브랜드를 끌어내리거나(하지만 이는 거의 불가능한 과업이다), 어떻게든 자기 브랜드를 다른 회사의 자리에 밀어 넣어야 한다.

이 과정에서 무턱대고 마케팅과 광고 프로그램에 돈을 쏟아 붓고 보는 회사들이 많다. 경쟁사들의 위치 따위는 안중에도 없다. 이런 식으로 공허한 상품 광고를 남발하고는 메시지가 통하지 않는다며 결과에 실망한다.

소비자의 마음속에 있는 사다리를 타고 올라가는 일은 상위 브랜드가 확고한 지위를 갖고 있거나 적용할 지레 장치나 포지셔닝 전략이 없다면 대단히 어려워진다.

새로운 상품 카테고리를 소개하고자 하는 광고인은 아예 새로운 사다리를 타고 올라가야 한다. 하지만 이때도 기존의 것에 대해 새로운 카테고리가 제대로 포지셔닝이 되어 있지 않으면 역시 만만한 일이 아니다.

바로 이런 이유 때문에 전혀 새로운 종류의 상품 카테고리일 경우는 잠재 고객들에게 아예 그 상품이 '무엇인지' 알리려 하기보다는 그 상품이 '무엇이 아닌지' 알리는 편이 낫다고들 말하는 것이다.

예를 들어 '말 없이 끄는 마차'라는 이름으로 등장한 최초의 자동차의 경우를 생각해 보자. 이는 기존에 존재하는 교통 수단에 대한 대칭 개념으로 대중들의 마음속에 자리를 잡고자 고안된 이름이었다.

'장외 발매소 off-track betting', '무연 휘발유 lead-free gasoline', '무설탕 소다 sugar-free soda' 같은 이름은 모두 새로운 컨셉트가 기존의 것에 대해 제대로 된 포지셔닝에 성공한 좋은 예들이다.

뉴스 요소

사람의 마음이 새로운 정보를 받아들이는 데 있어서 본능적으로 거부감을 느낀다면 이를 극복하기 위한 또 다른 좋은 방법은 이쪽에서 전달하는 메시지가 중요한 '뉴스'로 비춰질 수 있게 힘을 실어 주는 것이다.

지금도 소비자들을 즐겁게 해 주려고 하거나 독특하게 보이게 하려고만 애쓰는 광고 제작자들이 많다. 그러다 보면 자기 메시지 속에 들어 있는 뉴스 요소를 미처 보지 못하고 지나치기 쉽다. 로퍼 스타치Roper Starch 리서치 회사의 연구원들은 사람들이 신문을 읽을 때, 뉴스 가치를 포함하고 있는 헤드라인을 그렇지 못한 것보다 더 많이 읽는다는 조사 결과를 얻은 바 있다. 하지만 안타깝게도 대부분의 광고인들은 이런 연구 결과를 낡은 뉴스로만 여기고 있다.

기업에서 전달하는 메시지가 중요한 뉴스로 생각되기만 한다면, 대부분의 소비자들은 그 메시지를 흡수하기 위해서 눈과 귀를 활짝 열고 다가서게 되어 있다.

마음은 혼란을 싫어한다

인간은 이 세상에 존재하는 어떤 생물체보다 배우고자 하는 의욕이 높다.

컬럼비아Columbia 대학의 신경 생물 행동학 센터의 한 과학자는 이런 말을 했다.

"학습은 동물과 인간이 새로운 정보를 획득하는 한 방법이며, 기억은 흘러가는 시간 속에서 그 정보를 유지해 가는 한 방법이다."

또 카네기 멜론 대학Carnegie Mellon University의 실험 심리학자인 린 레더Lynne Reder는 이렇게 말했다.

"기억은 단순히 전화번호를 외우는 능력만을 뜻하지 않는다. 기억은 사고 과정에서 접하게 되는 모든 상이한 국면마다 적용되는 역동적 시스템이다. 사람은 무언가를 보는 데도 기억을 이용한다. 사람은 언어를 이해하는 데도 기억을 이용한다. 사람은 나아갈 길을 찾기 위해서도 기억을 이용한다."

기억은 이렇게 중요하다. 그렇다면 과연 그 기억 속에 남을 수 있는 비결은 무엇일까?

단순하게 만들어라

알베르트 아인슈타인은 상대성 이론을 완성하는 데 있어 가장 큰 도움이 되었던 것이 무엇이냐는 질문에 이렇게 답했다고 한다.

"문제가 생기면 그 문제에 대해 어떻게 접근을 해야 할지 먼저 알아낸 것이지요."

또 애플 컴퓨터의 전 회장인 존 스컬리John Sculley는 이에 관해 이렇게 설명했다.

산업화 시대를 지나면서 우리가 경험해 온 모든 것들이 갈수록 그 복잡화의 정도를 더해 왔다. 이제는 기업이 복잡화가 아닌 단순화를 이루어 가야 한다는 생각이 갈수록 공감을 얻고 확대되고 있다고 여겨진다. 이는 다분히 동양적인 가치관이기도 하다. 세련미의 극치는 다름 아닌 단순함이라고 보는 것이다.

네트워크 방송인 같은 전문적인 커뮤니케이터들은 이런 원칙을 누구보다 잘 이해하고 있는 듯 보인다. 방송에서 사용하는 단어들을 아주 단순한 수준으로 유지하고 있다. ('단순함'에 대해서는 제6장에서 더 자세히 다루기로 하자.)

복잡함이 야기하는 문제

우리는 지루함을 느끼는 것은 자극이 부족한 데서 비롯된다고 생각하는 경향이 있다. 즉 정보의 '부족' 때문에 생기는 현상이라고 보는 것이다.

하지만 알고 보면 지루함은 지나친 자극이나 과잉 정보에 그 원인이 있다는 논리가 점점 힘을 얻고 있다.

에너지와 마찬가지로 정보 또한 엔트로피화된다. 그래서 소음이나 사족, 잔소리 등으로 격하되는 성질이 있다. 다시 말해 '정보'라는 **빠른** 말이 '의미'라는 느린 말을 앞지르게 되는 격이라고 볼 수 있다.

복잡한 해결책은 그 누구에게도 도움이 되지 않는다. 물론 세상 모든 기업의 경영자들은 정보를 원한다. 왜냐하면 결정과 추측의 차이는 종국에는 정보의 문제로 귀결되는 경우가 많기 때문이다.

하지만 그렇다고 해서 프린트물과 조사 결과 보고서 더미에 묻혀서 산 채로 매장당하기를 바라는 경영자는 한 사람도 없을 것이다.

'더 많은' 기능을 가진 상품

신상품에는 으레 '더 많이'라는 말이 붙어 다닌다.

마케터들은 '융합convergence'이라는 말을 아주 좋아한다. 다양한 테크놀로지를 결합해서 '더 많은' 기능을 가진 훌륭한 신상품의 탄생을 가능하게 해 주는 융합. 여기에 그 초기 상품들을 소개한다.

- AT&T의 EO 퍼스널 커뮤니케이터EO Personal Communicator : 휴대 전화, 팩시밀리, 전자 우편 장치, 개인 수첩, 펜 입력 방식의 컴퓨터 기능 융합
- 오키다타Okidata의 독-잇Doc-it : 데스크톱 프린터, 팩시밀리, 스캐너, 복사기 기능 융합
- 애플Apple의 뉴턴Newton : 팩시밀리, 호출기, 캘린더, 펜 입력 방식의 컴퓨터 기능 융합
- 소니Sony의 멀티미디어 플레이어multimedia player : 디스플레이 스크린, 쌍방향 키보드 기능 융합

하지만 이러한 것들은 빌 게이츠가 말하는 '미래의 지갑'이라는 것에 비하면 한낱 단순한 아이디어에 지나지 않는다. 빌 게이츠는 미래의 지갑을 열쇠, 신용 카드, 개인 신분증, 현금, 메모장, 여권, 가족 사진 등을 모두 결합하여 그 기능을 대체시킬 장치로 보고 있다. 미래의 지갑은 또 GPS 기능을 내장하고 있어서 항시 자기가 어디에 있는지 알려 줄 수 있다.

자, 그렇다면 과연 이 모든 상품들이 성공을 거둘 수 있을 것인가?

나는 그럴 가능성이 크지 않다고 본다. 하나같이 너무 혼란스럽고 복잡하기 때문이다. 세상 사람들 대부분이 아직 자기 집 VCR로 방송 프로그램을 녹화하는 방법조차 모르고 있는 실정이다.

사람들은 혼란스러운 것을 거부한다. 그리고 단순한 것을 고맙게 생각한다. 사람들은 단추 하나만 누르면 기계가 작동되기를 바란다.

혼란스러운 컨셉트들

어떤 상품들은 기본적인 컨셉트를 정할 때부터 실패가 예견되는 경우도 있다. 상품의 효능성이 없기 때문이 아니라 상식적이지 못하다는 것이 그 이유다.

멘넨Mennen의 비타민 E 방취제를 예로 들어 보자. 그렇다. 비타민을 겨드랑이에 뿌리는 바로 그 상품이다.

이 상품의 컨셉트를 소비자들에게 들려준다면 십중팔구는 웃음을 터뜨리고 말 것이다. 자기 나라에서 가장 영양 상태가 좋은, 건강 만점의 겨드랑이를 가지고 싶어하는 사람이 아닌 다음에야 이런 제품의 컨셉트가 먹힐 리가 없다. 진짜로 효능이 있는지 보려고 한번 써 보는 사람도 없을 것이다.

곧 그 방취제는 자취를 감추었다.

이번에는 맬록스Maalox에서 만든 크림 타입의 강력 제산제Extra-

Strength Whip Antacid의 경우를 생각해 보자. 그렇다. 위산 과다로 속이 쓰릴 때 부드러운 크림 상태의 약을 숟가락에 짜서 먹는 그 약을 말한다. 약사들은 코웃음을 치며 이 약을 들고 간 판매원들을 가게 밖으로 내몰았다. 그 바람에 크림 타입의 강력 제산제는 약국의 판매대 위에 올라가는 것조차도 힘이 들었다고 한다. 제산제는 알약이나 물약이 상식적이지 휘핑 크림 형태는 매우 어색하다는 데 다들 동의할 것이다.

당시 그 약으로 인해 해당 제약 회사 사장인 윌리엄 로러William H. Rorer만 악성 소화 불량으로 고생했다는 후문이 있다.

'혼란'이 또 한 번 사고를 일으킨 셈이다.

마음은 불확실하다

아마도 아리스토텔레스는 아주 말을 잘하는 광고 전문가였을 것이다. 오로지 논리만으로 논쟁에서 이긴다고 보장할 수는 없기 때문이다.

사람의 마음은 이성적이기보다는 다분히 감성적인 편이다.

사람들은 왜 하필 자기가 산 바로 그 물건을 사는 것일까? 사람들은 왜 실제 시장에서 자기가 행동하는 바로 그 방식으로 행동하는 것일까? 심리학자인 로버트 세틀Robert Settle과 파멜러 알렉Pamela Alreck은 《소비의 심리학Why They Buy》이라는 책에서, 그 이유를 소비자들 자신도 알지 못하거나 알아도 남에게 말하고 싶어하지 않는다고 쓰고 있다.

소비자들에게 왜 하필이면 그 상품을 샀는지 한번 물어보라. 모르긴 해도 아마 그에 대한 대답은 정확하지 않거나 유용하지도 않을 가능성이 크다.

물론 소비자 자신들은 자기가 왜 구매를 했는지 그 이유를 정확하게 알고 있을 수 있다. 하지만 그렇다 하더라도 다른 사람에게 진짜 이유를 말하고 싶어하지 않는다.

그리고 더 많은 경우 소비자들은 자기가 한 구매의 확실한 이유를 정말 알지 못한다.

이렇게 무언가를 기억하는 것에 관한 한, 사람의 마음은 불확실하기 그지없다. 또한 더 이상 존재하지 않는 것들을 기억하려는 경향이 있다. 그래서 사람들의 마음속에 한 번 자리를 잘 잡은 브랜드는 광고 지원이 줄어들더라도 오래도록 사람들의 마음속에 그 자리를 지키고 남아 있게 된다.

다른 사람들이 사는 물건 사기

내 경험에 의하면, 대부분의 소비자들이 자기가 무엇을 원하는지 제대로 알지 못한다. 그런 소비자들에게 물어서 무엇하겠는가? 대부분의 경우 사람들은 왠지 사야 할 것만 같아서 물건을 산다. 무리를 따라가는 양 떼와 다를 바 없다.

대부분의 사람들이 정말로 4륜 구동 자동차를 원할까? 그렇지 않다. 사람들이 정말로 4륜 구동 자동차를 필요로 한다면, 그 차는 왜 진작에 대중화되지 못했겠는가? 유행에만 그치는 수준이 아니라 말이다.

사람들이 이런 행동을 하게 되는 주된 원인이 바로 마음의 '불확실함' 때문이며, 이는 많은 과학자들이 오랫동안 연구해 온 주제이기도 하다.

지각적 리스크의 다섯 가지 유형

사람의 마음이 불확실한 것에는 여러 가지 이유가 있다. 그중 하나가 구매와 같은 기본적인 인간 활동을 할 때 사람들이 갖게 되는 '지각적 리스크perceived risk' 때문이다. 행동 과학자들은 이것을 다섯 가지 유형으로 나누고 있다.

1. **금전적 위험** : 이 구매로 인해 내가 금전적 손해를 볼 가능성이 있다.
2. **기능적 위험** : 아예 작동을 안 하거나 원래 기능대로 작동이 안 될 수도 있다.
3. **신체적 위험** : 위험하게 생겼다. 내가 다칠 수도 있다.
4. **사회적 위험** : 이것을 사면 친구들이 나를 어떻게 생각할까?
5. **심리적 위험** : 이것을 사면 나는 죄책감을 느끼거나, 책임감 있게 행동하지 못했다고 후회할지도 모른다.

무리 쫓아가기

로버트 치알디노Robert Cialdino의 저서를 보면, 사람들이 무리를 쫓아가는 이유에 대해 대단히 흥미로운 연구 결과를 접할 수 있다. 그는 '사회적 증거social proof(많은 사람들이 믿으려는 것을 믿고 싶어하는 인간 심리를 나타내는 사회 과학 용어)'의 원칙은 다른 사람에게 영향을 끼치고자 할 때 아주 강력한 무기가 될 수 있다고 한다.

'사회적 증거'의 원칙은 다른 사람들이 옳다고 생각하는 것을 기준으로 옳은 것을 결정하는 심리 상태를 일컫는다. 사람들은 이 사회적 증거의 원칙을 어떤 행동을 옳은 행동으로 규정할 것인지 결정할 때 특히 잘 적용한다. 사람들은 하나의 주어진 상황에서 다른 사람들이 그 행동을 했느냐 여부를 기준으로 어떤 행동의 옳고 그름을 정한다.

다른 사람들이 어떤 행동을 했을 때, 그 행동을 옳은 것으로 간주하는 경향은 대단히 보편적인 현상이다. 사람들은 사회적 증거에 반해서 행동하기보다는 그에 맞추어 행동함으로써 실수를 줄일 수 있다고 생각하는 것이다. 사실 일반적으로 보았을 때 많은 사람들이 좇는 행동은 옳은 행동일 가능성이 크다.

하지만 사회적 증거의 원칙은 장점과 약점을 동시에 갖고 있다. 영향력 있는 다른 무기들처럼 이 사회적 증거의 원칙도 자기 자신의 행동을 정하는 데 편리한 지름길이 되어 준다. 그러나 그런 한편 이익을 노리는 사람들이 길목을 지키고 있다가 그 지름길로 가는 사람을 공격해서 다치게 할 수도 있다.

증언식 광고의 위력

사람들은 확신이 서지 않을 때 어떻게 행동하면 좋을지 다른 사람에게 도움을 구하는 경우가 있다. 바로 이 때문에 광고인들이 가장 고전적인 광고 기법 중 하나인 '소비자 증언식 광고testimonial'를 즐겨 쓰는 것이다.

증언식 광고는 허영심이나 질투심, 소외당하는 데 대한 두려움 등 불확실한 마음이 경험하게 되는 다양한 감정적 국면을 강하게 자극한다.

한때 제이 월터 톰슨 J. Walter Thompson 광고 회사의 회장이었던 스탠리 레소 Stanley Resor는 이것을 '닮고 싶은 심리 the spirit of emulation'라고 표현하며 '사람들은 취향이나 지식, 경험 등이 우월하다고 생각되는 사람을 그대로 모방하고 싶어한다'라고 말한 바 있다.

오늘날의 증언식 광고는 운동 선수들을 즐겨 쓰고 있다. 그 중에서도 마이클 조던과 타이거 우즈가 단연 인기다.

밴드왜건 효과

'밴드왜건 효과 bandwagon effect('편승 효과' 또는 '시류성 효과'라고 하는 것으로 전체적인 주변 분위기에 따라 영향을 받는 심리 상태를 말하는 광고 용어)'를 창출하는 것도 불확실한 마음 상태를 다루는 데 효과적인 테크닉이 될 수 있다. 원래 밴드왜건은 퍼레이드에 쓰이는 현란한 장식의 악대 차를 말한다. 그런데 지금은 더 많은 사람들이 그 악대 차에 올라타도록 만들려는 어떤 자극이나 추세를 의미하게 되었다.

설문 조사 결과나 전문가 증언은 밴드왜건 효과를 창출하는 데 아주 효과적인 '권위'를 제공해 준다. 미국의 자동차 평가 기관인 JD파워 서베이J. D. Power surveys가 그 좋은 예가 될 수 있다.

불확실한 마음 상태를 겨냥한 또 다른 밴드왜건 전략은 '급성장'이라든지 '최다 판매' 같은 용어를 동원하는 것이다. 그러면 다른 사람들은 이쪽에서 제시하는 상품을 꽤 훌륭한 것으로 생각하게 된다.

전통이라는 강력한 전략

마케터들은 자신이 만들어 놓은 밴드왜건에 소비자가 올라타게 만들고자 회사의 역사나 문화를 내놓기도 한다. 어쨌든 소비자가 어찌 회사의 전통을 놓고 시비를 걸 수 있겠는가?

일찍이 1919년 초부터 스타인웨이Steinway 피아노는 광고를 통해 스스로를 '불후의 악기'로 표현하고 있다. 또 크로스Cross는 자사 필기 도구를 '1846년 이후 만들어진 완벽한 클래식'이라고 추켜세우고 있다. 스코틀랜드의 글렌리벳Glenlivet 위스키 또한 이런 식으로 자기 자신을 포진시키고 있다.

"글렌리벳은 모든 스카치의 아버지입니다. 1823년 주류법이 개정된 이후 정부는 하이랜드에서 싱글 몰트 위스키를 제조할 수 있는 최초의 허가증을 글렌리벳에 발급해 주었습니다."

코크Coke는 콜라를 발명한 장본인으로서 스스로를 '진품the real thing'이라고 표현하면서 자사의 전통을 적극 활용하고 있다. 이는 이 회사의 가장 강력한 전략이 되어 주었다.

마음은 변하지 않는다

마케팅 세계에서는 언제나 신상품 광고에 대한 사람들의 관심이 기존 브랜드의 광고에 대한 관심보다 높으리라는 보편적인 믿음이 있다.

하지만 정작 사람들은 새로운 것보다는 기존에 알고 있던 것(또는 기존에 사 왔던 것)에 더 큰 자극을 받는다는 사실이 밝혀졌다. 미국의 조사 기관인 맥콜럼 스필맨$^{McCollum\ Spielman}$은 23년 이상 2만 2,000개가 넘는 텔레비전 상업 광고를 연구했다. 그중에서 거의 6,000개에 해당하는 광고가 10개 카테고리 내의 신상품 광고였다.

과연 이 연구 결과는 무엇을 의미하는가? 기존 브랜드와 신규 브랜드를 비교해 보았을 때, 설득력과 태도 변화—소위 '신상품에 대한 흥분'이라고 하는 것 때문에—가 효과를 본 것은 10개 카테고리 중 고작 1개의 카테고리(애완 동물용 상품)에 불과한 것으로 나타났다.

소비자들이 기존 브랜드와 신규 브랜드를 구별할 수 있었음에도 불구하고 그 외 다른 9개의 카테고리—약품부터 음료수, 개인 건강 용품에 이르기까지—에서는 별반 차이점을 보이지 않았고, 신상품에 대한 폭발적인 흥분 현상도 보이지 않았다.

수백 가지의 각기 다른 브랜드를 다루는 수천 개의 광고. 이 속에서 우리는 '새로움' 만으로 설득의 효과에 차이를 가져올 수 있으리라고 기대해서는 안 된다. 오히려 사람들이 이미 익숙해져 있고, 이미 편안함을 느끼고 있는 것으로 시선을 돌려야 한다.

태도를 변화시키는 일

MIT 교수에서 컨설턴트로 변신한 마이클 해머Michael Hammer는 《리엔지니어링 기업 혁명Reengineering Revolution》이라는 책에서 '변화를 거부하는 인간 고유의 본능이야말로 리엔지니어링 노력에 있어 가장 당혹스럽고, 방해되며, 혼란스러운 장애물'이라고 했다.

이런 인간의 거부감을 보다 쉽게 이해할 수 있도록 《태도와 설득Attitudes and Persuasion》이라는 제목의 책이 보기 드문 혜안을 제시하고 있다. 이 책의 저자인 리처드 페티Richard Petty와 존 카시오포John Cacioppo가 '신념 체계belief system'에 대해 언급한 부분이 있다. 두 사람은 인간의 마음이 변하기 어려운 이유에 관해 이렇게 설명하고 있다.

> 정보 이론가의 관점에서 볼 때 신념 체계의 본질과 구조는 대단히 중요하다. 신념이 태도의 인식적 토대를 제공하는 것으로 여겨지기 때문이다.
> 하나의 기존 태도를 변화시키고자 할 때는 먼저 이쪽에서 제공하는 정보를 그 태도가 안심할 수 있는 정보로 수정해야 한다. 이는 한 개인의 신념을 변화시키고, 기존 신념을 제거

하고, 나아가 새로운 신념을 받아들이게 하는 데 꼭 필요한 과정이다.

자, 당신은 이 모든 일을 고작 30초 광고로 해결할 수 있다고 보는가?

심리학자들의 의견
《사회 심리학 핸드북 The Handbook of Social Psychology》에서는 태도를 변화시키는 일이 얼마나 힘든지에 대해서 이렇게 강조하고 있다.

> 태도 변화를 위한 모든 프로그램은 심각한 문제점을 안고 있다. 아무리 정교하고 강도 높은 심리 요법을 이용한다 하더라도 사람의 기본적인 신념을 변화시키기는 어렵다. 또 어떤 특정 태도를 변용시키는 데 효과가 있었던 요법이라 하더라도 다른 태도에 적용했을 때는 거의 효과를 보지 못하는 경우도 있다.
>
> 더 심각한 문제는 태도 변화에 관한 한 '진실' 조차도 별 효능을 보지 못한다는 사실이다. 다음의 조사 결과도 한번 살펴보자.
>
> 사람들이 태도를 가지게 되는 이슈의 폭은 엄청나게 넓다. 사람들은 투르크 족처럼 잘 알지 못하는 것에 대해서도, 또 외계 생물체 등 일상적인 관심사와 별로 관계없는 이슈

에 대해서조차도 자기 자신이 그 주제에 대해 무엇을 좋아하는지(좋아하지 않는 것은 특히 더) 확실히 알고 있는 듯 보인다.

그렇다면 오래 전에 방영되었던 한 TV 프로그램식으로 말을 해 볼까 한다.

"혹시라도 당신에게 말이죠, 펠프스 씨Mr. Phelps('제5 전선'이라는 제목으로 한국에서도 방영된 적 있는 〈Mission Impossible〉에서 첩보 요원 책임자로 나오는 인물), 사람의 마음을 바꾸는 일이 임무로 떨어지거들랑 절대 그 임무를 수락하지 마세요."

마음은 초점을 잃기 쉽다

이전에는 대부분의 빅 브랜드들이 목표 고객들에게 아주 명확하게 인식되었다. 마치 사진기처럼, 사람의 마음도 자기가 제일 좋아하는 브랜드가 어떤 것인지에 대해 아주 선명한 그림을 가지고 있다.

그래서 안호이저 부시Anheuser-Busch가 자사 맥주를 '당신을 위한 맥주'라고 자랑스럽게 선언하고 나섰을 때도 고객들은 자기가 대하는 맥주가 어떤 맥주인지 제대로 파악할 수 있었다. 밀러 하이 라이프Miller High Life의 경우도, 일반적인 맛이 나는 이전 쿠어스Coors 맥주의 경우도 마찬가지였다.

하지만 최근 몇 십 년 사이 버드와이저Budweiser는 레귤러, 라이트, 드래프트, 클리어, 콜드 브루드, 드라이 브루드, 아이스 브루드 등 그야말로 다종 다양한 맥주를 시장에 쏟아 냈다.

그러니 지금 '당신을 위한 맥주'라는 말을 들으면 소비자들은 이렇게 묻고 싶을 따름이다.

"도대체 이 많은 맥주 중에서 어떤 것을 두고 하는 말이지?"

소비자들의 마음속에 존재하던 확실한 인식이 지금은 초점을 잃고 흐려진 것이다. 그러고 보면 킹 오브 비어스 King of Beers가 후발 브랜드들에게 자리를 내주고 있는 지금의 현실도 무리는 아닌 듯싶다.

라인 확장의 덫

초점을 잃고 흐려지게 된다는 것은 곧 '라인 확장 line extension'과 직결된다. 아마 이 라인 확장이라는 주제만큼 마케팅계를 떠들썩하게 했던 이슈도 별로 없었을 것이다.

1972년 알 리스와 나는 〈애드버타이징 에이지 Advertising Age〉에 '라인 확장의 덫'에 걸려들지 않도록 주의를 당부하는 글을 쓴 적이 있었다.

또 《포지셔닝 Positioning : The Battle for Your Mind》이라는 책에서는 2장 정도의 분량으로 라인 확장의 문제점에 관해서 논하기도 했다. 그리고 알 리스와 나의 저서 《마케팅 불변의 법칙》에서 우리는 라인 확장을 가장 어리석은 반反기업 행위로 다루고 있다.

하지만 아무리 우리가 그 효과를 인정하지 않아도 라인 확장에 대한 사람들의 기세는 꺾이지 않았다. 아니, 오히려 그 반대였다. '브랜드 자산 확장'은 코카콜라 같은 대기업들이 '메가브랜드'라는 컨셉트를 입에 올리기 시작하면서 마치 유행처럼 번져 나갔다.

그 속에서도 알 리스와 나는 라인 확장을 반대하며 수년 동안 외롭게 목소리를 높여 왔다. 이런 우리를 두고 〈저널 오브 컨슈머 마케팅Journal of Consumer Marketing〉이라는 잡지에서는 이렇게 평하기도 했다.

"알 리스와 잭 트라우트는 브랜드 확장의 실행에 대해 유일하게 비판적인 시각을 가지고 있으면서도 고집스럽게 그 입장을 고수하고 있다."

이러한 갈등은 〈하버드 비즈니스 리뷰〉 1994년 11~12월호가 다음과 같이 판결을 내려 줄 때까지 이어졌다.

"충분히 숙고하지 않은 라인 확장은 브랜드 이미지를 약화시키고, 거래 관계에 혼선을 주며, 비용 증가를 초래할 수 있다."

고맙습니다, 관계자 여러분.

관점의 차이

라인 확장을 보는 견해가 이렇게 다른 이유는 관점의 차이에서 비롯된 것이다. 회사는 자사 브랜드를 경제적 관점에서 본다. 그래서 비용 효율화와 거래 성사를 위해서라면 자사의 특정 상품, 또는 개념의 상징물일 수도 있는 주력 브랜드를 2개, 3개, 또는 그 이상의 상품이나 개념들을 대변하는 비주력 브랜드로 언제든지 바꿀 마음의 준비를 하고 있다.

하지만 나는 라인 확장이라는 이슈를 소비자들의 '마음'의 관점에서 본다. 하나의 브랜드에 많은 것을 갖다 붙이면 붙일수록 '마음'은 초점을 잃어 간다. 그러다 보면 시보레Chevrolet 같은 브랜드도 시간이 지나면서 아무 의미 없는 것으로 전락한다.

스코트Scott는 화장실용 티슈의 선두 브랜드였다. 스코트는 스코티즈, 스코트킨즈, 스코트타월즈 등의 이름으로 라인 확장을 시도했다. 그 후 얼마 지나지 않아 이 모든 스코트 브랜드는 '쇼핑 품목에 올라가기 시험'에서 보기 좋게 낙제점을 받고 말았다.

초점을 잘 맞춘 전문가를 조심하라

아마 미스터 휘플Mr. Whipple(샤민 화장지의 상징 캐릭터)과 그의 저절로 감기는 샤민Charmin 화장지가 출현하지 않았다면 스코트 왕국에는 아무 문제가 없었을지도 모른다. 그러나 초점을 잃으면 잃을수록 입게 되는 타격은 커지게 되어 있다. 샤민 화장지가 화장지 업계 제1의 브랜드로 등극하는 데는 그리 오랜 시간이 걸리지 않았다.

비즈니스의 역사를 돌이켜 보면 라인 확장에 대한 우리의 우려를 마치 입증이라도 해 주는 듯한 사례들을 많이 찾아 볼 수 있다.

수년 동안 프록터 앤드 갬블Procter & Gamble(이하 P&G)의 크리스코Crisco 브랜드는 쇼트닝 업계의 선두 브랜드로 군림해 왔다. 그런

데 언제부터인지 세상이 식물성 식용유로 시선을 집중했다. 당연히 P&G도 식물성 식용유로 관심을 돌렸다. 그래서 결국 그 치열한 옥수수 식용유 업계의 난타전에서 누가 최강자로 등극했는가? 그렇다. 바로 마졸라Mazola다.

그 후 마졸라는 콜레스테롤이 들어 있지 않은 옥수수 식용유 마가린의 성공을 예감하게 된다. 그래서 내놓은 것이 마졸라 옥수수 식용유 마가린이다.

자, 그랬더니 옥수수 식용유 마가린 카테고리에서는 또 누가 이겼는가? 그렇다. 플라이시만Fleischmann's이다.

각각의 경우 모두 하나에 집중한 전문 브랜드, 또는 초점을 잘 맞춘 회사가 승자가 되었다.

전문가들의 무기

그렇다면 어째서 전문 브랜드가 사람들의 마음속에 강한 인상을 남길 수 있는지 그 이유를 살펴보기로 하자. (이에 대한 자세한 내용은 제5장에서 다루기로 한다.)

첫째, 전문 브랜드는 하나의 상품, 하나의 혜택, 하나의 메시지에 모든 초점을 맞출 수가 있다. 이 초점을 이용해서 마케터는 메시지에 뚜렷한 핵심을 담아 소비자들의 마음속에 빠르게 전달할 수 있다. 예를 들어 보기로 하자.

도미노 피자Domino's Pizza는 '배달 전문'에 초점을 맞출 줄 알았다. 그러나 피자헛Pizza Hut은 소비자에게 '배달과 매장 서비스 모두'를 이야기해야 했다.

듀라셀Duracell은 '수명이 긴 알카라인 건전지'에 초점을 맞출 줄 알았다. 그러나 에버레디Eveready는 "플래시라이트에 적합하고, 내구력 뛰어나며, 충전 가능한 알카라인 건전지"에 대해 이야기했다. 그 후 에버레디는 용하게도 사태를 수습하고 에너자이저에만 집중한 결과 현재 아무 탈 없이 행진하고 있다.

캐스트롤Castrol은 '고성능 소형 엔진용 특수 오일'이라는 특징에 초점을 맞출 줄 알았다. 하지만 펜조일Pennzoil과 퀘이커 스테이트Quaker State는 '모든 유형의 자동차 엔진'을 아우르는 장사를 했다.

전문화가 갖는 또 다른 무기는 그 방면의 전문가 내지 최고로 인식될 수 있다는 사실이다. 인텔Intel은 마이크로칩 쪽의 일인자다. 필라델피아Philadelphia는 크림 치즈 부문에서 단연 최고다. 말하자면 오리지널인 셈이다.

궁극적으로 전문가들은 아예 그 상품 카테고리 자체를 의미하는 일반 용어가 될 수도 있다.

제록스Xerox는 복사를 의미하는 일반 용어가 되었다. ("이 문서 제록스 좀 해 주시겠어요?")

페더럴 익스프레스Federal Express는 야간 배송을 의미하는 일반 용어가 되었다. ("오늘 안으로 페덱스로 보낼게요.")

3M의 스카치 테이프$^{Scotch\ tape}$는 셀로판 접착 테이프를 의미하는 일반 용어가 되었다. ("이것을 같이 스카치테이프로 붙일게요.")

변호사들이야 반기를 들고 나서겠지만, 브랜드 네임을 이런 식으로 일반 용어로 인식시킬 수만 있다면 마케팅 전쟁에서는 더 없이 막강한 무기를 확보하는 격이다. 하지만 이는 오로지 전문화된 상품만 이룰 수 있는 위업이다. 일반 상품은 절대 일반 용어가 될 수 없다.

아무도 이렇게는 말하지 않는다.

"제너럴 일렉트릭^{GE}에서 맥주 한 병만 꺼내다 줘."

KeyPoint 어떻게 인식되느냐가 곧 진실이다. 겉으로 드러나는 사실들로 인해 초점을 잃어서는 안 된다.

CHAPTER **3**
전략은 차별화와 직결된다

제2장을 통해서 알아본 바와 같이, 포지셔닝을 위한 성공적인 전략은 무수한 경쟁자들 사이에서 차별화할 수 있는 방법을 모색하는 것에서 출발한다. 과연 다른 회사 것이 아닌 '우리' 브랜드를 소비자들이 사야 하는 이유가 무엇이란 말인가?

'차별화'가 갖는 중요성에 대해서는 이미 많은 사람들이 책을 펴낸 바 있다. 하지만 아쉽게도 현업에서 구체적으로 사용할 수 있는 방법들이 제시된 예는 별로 없다. 내가 《튀지 말고 차별화하라 Differentiate or Die》이라는 책을 공동 집필했던 이유가 바로 여기에 있었다.

그러나 우리는 '어떻게 해야 하는가?'를 논하기 이전에 '어떻게 하면 안 되는가?'에 초점을 맞추어 볼 필요가 있다. 그런 입장에서 먼저 퀄리티quality와 소비자 지향 컨셉트는 이제 그리 대단한 차별화 아이디어가 되지 못한다는 말을 해 두고 싶다.

퀄리티 전쟁

1990년대를 지나는 동안 우리는 그야말로 퀄리티 대란을 겪은 바 있다. 거의 모든 비즈니스 리더들이 퀄리티를 측정할 수 있는 도구나 테크닉을 요구했다. 그래서 좀처럼 잡히지 않는 이 '퀄리티'라는 이름의 목표물을 규정하고, 예견하고, 다질 수 있는 방법을 모색하려고 학자들과 전문가들로 구성된 대대적인 지원군이 출병하여 수많은 책을 쓰고 끊임없는 논쟁을 펼쳤다.

그렇게 그 지원군이 휩쓸고 지나간 자리에는 뜻을 알 수 없는 약어와 전문 용어들이 난무했다. 세븐 올드 툴Seven Old Tools, 세븐 뉴 툴Seven New Tools, TQM, SPC, QFD, CQL 외에도 그저 세 개의 글자를 적당히 섞어 놓은 데 지나지 않는 무수한 용어들이 생겨났다.

1993년 한 해에만 제목에 퀄리티라는 단어가 들어간 책이 무려 422권이나 출간되었다. 지금은 대략 그 절반 정도로 줄어들었다. 우리가 이 전쟁을 이긴 셈이다.

많은 설문 조사에서 오늘날의 소비자들은 상품 퀄리티가 전반적으로 개선되었다고 생각하는 것으로 나타나고 있다. 자동차는 성능이 좋아졌고, 가전 제품은 수명이 길어졌으며, 컴퓨터는 쉽게 설명된 제품 사용 안내서와 함께 출시되고 있다.

여론 조사 회사인 로퍼 스타치 월드와이드$^{Roper\ Starch\ Worldwide}$는 이런 현상에 대해 다음과 같이 설명하고 있다.

> 오늘날 앞서 가고자 한다면 모든 브랜드들은 더욱 많은 노력을 기울여야 한다. 소비자들의 요구에 부응하기 위해 촉각을 곤두세우고 있어야 한다. 소비자는 여전히 왕의 자리에 있다. 가까운 미래에도 이런 상황은 바뀌지 않을 것으로 보인다. 경제가 발전함에 따라 소비자들은 수요를 줄이지 않고 있다. 아마도 앞으로 소비자 수요는 더욱 상승될 것이다.

그러니까 이제 퀄리티는 전쟁터에 발을 디디고 있을 수 있게 해 주는 최소 요건이라는 말이다.

소비자 만족을 위한 전쟁

퀄리티가 전쟁이었다면, 고객 확보를 위한 전쟁은 가히 아마겟돈 수준이라고 해야 할지 모르겠다.

〈하버드 비즈니스 리뷰〉에서는 소비자 이탈을 5퍼센트 줄임으로써 기업이 연간 최소 25퍼센트의 이윤 확대를 도모할 수 있다는 요지의 놀라운 연구 결과를 발표했다. 그야말로 놀랄 일이 아닐 수 없다. 이 땅의 모든 기업 회의실마다 비상 종을 치는 소리가 요란하게 울려 대기 시작했다.

각종 세미나, 서적, 그리고 카운슬러 등은 고객이라는 이름의 사람들을 현혹시키고, 사랑하고, 끌어들이고, 관계를 유지할 수 있는 수천 가지 방법을 내놓느라 정신이 없었다.

우리는 이렇게 말했다. 고객은 동반자다. 고객은 CEO다. 고객은 왕이다. 고객은 나비다.

비록 불만 사항일지언정 고객의 피드백은 하나의 선물로 여겨졌다. 사후 마케팅이 좋아야 영원히 고객을 붙잡아 둘 수 있고 고객의 시간을 절약해주는 것만으로도 거의 모든 문제를 해결할 수 있을 것으로 믿었다.

이런 세태는 기업들로 하여금 비영리 세상에까지 발을 내딛게 만들고야 말았다.

급기야 20세기가 저물어 갈 무렵 〈마케팅 매니지먼트 Marketing Management〉 1999년 봄호에서는 이렇게 결론을 내리기에 이른다.

"말 그대로 오늘날 모든 회사들은 고객 만족을 위해 무장했다. 회사마다 '어떤 어려움이 있더라도 당신을 위해서라면'이라는 말이 하루하루의 행동 강령이 되어 버렸다."

언제부터인지 고객 만족 또한 차별화 요인이 아니라 당연시 해야 하는 의무 사항이 되어 버린 것이다.

자, 이제 정리가 되었으면 지금부터 본격적으로 '어떻게 해야 하는가?'에 초점을 맞춘 전략에 대해 알아보기로 하자.

'원조 되기'를 통한 차별화 아이디어

사람들의 마음속에 새로운 아이디어 또는 새로운 상품으로 다가갈 수만 있다면 대단히 유리한 고지를 점할 수 있다. 제2장에서 살펴본 바와 같이 사람의 마음은 변화를 좋아하지 않기 때문이다.

심리학자들은 이를 가리켜 '현상 유지 심리'라고 말한다. 우리는 이미 많은 실험 결과들을 통해 현재 상태가 갖는 자석과도 같은 흡인력을 잘 알고 있다. 대부분의 의사 결정자들도 현재 상태를 고수하는 대안에 편중되는 경향을 보인다.

핵심은 이것이다. 사람들은 기존에 가지고 있는 것에 집착하는 경향이 있다. 지금의 아내나 남편보다 조금 더 나은 누군가를 만난다 하더라도 꼭 둘을 바꿀 만한 가치가 보장된다고는 생각하지 않는다. 변호사 수임료 문제도 있고, 가정도 깨지고, 아이들과 헤어지게 될 수도 있는 것이다.

어떤 분야에서 원조가 되면 경쟁자들은 원조를 따라하려고 기를 쓰게 될 것이다. 하지만 그래 봤자 오히려 원조의 아이디어에 힘을 실어 줄 뿐이다. 원조보다 더 훌륭한 상품을 갖고 있다고 누군가를 설득하는 일보다는 사람들의 마음속에 그 원조가 되어 다가가는 편이 훨씬 낫다.

여전히 원조인 원조들

하버드는 미국 최초의 대학이었고, 지금도 여전히 제1의 대학으로 인식되고 있다.

〈타임Time〉은 여전히 〈뉴스위크Newsweek〉를 앞지르고 있다. 〈피플People〉은 〈유에스US〉를 능가하고 있으며, 〈플레이보이Playboy〉 역시 〈펜트하우스Penthouse〉보다 한 수 위다.

미니밴 자동차를 처음 만든 크라이슬러Chrysler는 여전히 미니밴 시장의 일인자다. 휴렛패커드Hewlett-Packard는 데스크톱 레이저 프린터를 주도하고 있으며, 워크 스테이션에서는 선Sun을, 복사기에서는 제록스를 따를 자가 없다. 그 밖에도 예는 얼마든지 많다.

특정 카테고리나 상품을 처음 개척했다는 사실은 후발 주자들에 비해 원조를 빛나게 해 준다. 원조는 특별한 위상을 지녔다. 그 산 정상에 제일 먼저 올라간 장본인이기 때문이다.

바로 이런 이유로 해서, 프랑스산 미네랄 워터인 에비앙Evian은 소비자들의 마음속에 원조라는 사실을 상기시키는 광고에만 무려 2,000만 달러를 투입하고 있다.

'속성 갖기'를 이용한 차별화

'속성attribute'은 널리 통용되고 있는 마케팅 용어 중 하나지만, 그 뜻을 제대로 이해하고 있는 사람은 그리 많지 않은 듯하다. 그러니 설명을 계속하기에 앞서 먼저 이 속성의 의미와 특성부터 확실히 파악해 두기로 하자.

우선 이것은 어떤 개인이나 물건의 성격, 고유성, 뚜렷한 특징 등을 일컫는 말이다. 그리고 사람이나 물건은 여러 가지 속성으로 이루어진 개체다. 각각의 사람들은 성별, 크기, 지적 능력, 기술, 매력 등의 정도가 모두 다르다. 각각의 상품 또한 카테고리에 따라 상이한 속성을 갖는다. 치약을 예로 들어 보더라도 충치 예방, 플라크 억제, 맛, 치아 미백, 구취 제거 등 각각 다른 속성을 갖고 있다.

속성 갖기

한 개인이나 상품의 독특함은 바로 이런 다양한 속성들 중 하나의 특정한 속성에 의해 만들어진다. 마릴린 먼로는 '아름답다'는 속성으로 잘 알려져 있다. 크레스트^{Crest} 치약은 '충치 예방' 효능이 탁월하다고 인식되어 있다. 마릴린 먼로는 지적 능력까지 뛰어났는지 모르겠으나 그 문제는 중요하지 않다. 그녀의 특별함은 남다른 미모 때문이었다. 마찬가지로 크레스트 치약하면 충치 예방의 탁월한 효능이 먼저 떠오른다. 무슨 맛을 내느냐 하는 것은 중요하지 않다.

속성 갖기는 하나의 상품이나 서비스를 차별화시키는 최고의 방법일 수도 있다. 하지만 주의해야 할 것은 경쟁사와 똑같은 속성이나 위치를 가지려 해서는 안 된다는 사실이다. 반드시 다른 속성을 찾아내야 한다.

하지만 너무나도 많은 기업들이 주도 브랜드를 흉내 내려고만 기를 쓴다.

"주도 브랜드는 뭐가 먹히는지 알고 있는 게 틀림없어."

여기까지는 이성적인 생각이다.

"그러니 우리도 비슷하게 하면 되겠지."

이는 결코 바람직한 생각이 아니다.

그보다는 주도 브랜드에 대비되어 눈에 뜨일 만한 반대되는 속성을 찾아보는 편이 현명하다. 이때 반드시 '반대'라는 단어를 기억해 주기 바란다. '유사함'으로는 통하지 않는다.

코카콜라Coca-Cola는 콜라의 원조 브랜드다. 따라서 기성 세대가 많이 찾는다. 이에 대해 펩시Pepsi는 젊은 세대를 위한 콜라로 성공적인 포지셔닝을 이루어 냈다.

버번 위스키 업계는 2개의 'J', 즉 짐 빔Jim Beam과 잭 다니엘Jack Daniel's이라는 양대 산맥이 이끌어 가고 있다. 그래서 메이커즈 마크Maker's Mark는 작은 규모의 회사이기 때문에 더 매력적으로 비추어질 수 있는 속성을 개발했다.

"손으로 직접 빚은 우리의 버번 위스키는 맛이 부드럽고 순합니다."

크레스트가 '충치 예방'을 속성으로 취한 이후, 다른 치약들은 충치 예방 속성은 가급적 피하고 맛이나 미백, 구취 제거, 심지어는 베이킹 소다 함유 제품 같은 다른 속성으로 재빨리 눈을 돌렸다.

주도 브랜드가 아닌 경우에는 메시지의 초점을 좁혀야 한다. 단, 그렇다 하더라도 반드시 자기가 속한 카테고리 안에 해당되는 것이어야 한다. 누가 봐도 성공할 것 같지 않아 보여서야 안 될 일이다.

리더십을 이용한 차별화

리더십은 하나의 브랜드를 차별화시키는 데 가장 효과적인 방법이라고 할 수 있다. 리더십은 브랜드의 신용을 쌓는 가장 직접적인 방법이기 때문이다. 신용은 브랜드의 성공적인 수행을 보장하는 든든한 지지대가 되어 준다.

일단 리더십에 대한 신용을 확보하기만 한다면 잠재 고객은 그 브랜드에 대해서 회사가 하는 말이라면 무슨 내용이든지 믿어 줄 가능성이 크다. 업계 리더니까 말이다. 사람들은 크다는 말을 성공, 위상, 리더십과 동격으로 생각하는 경향이 있다. 그래서 어떤 분야에서 제일 큰 그 무엇에는 존경심과 경의를 표한다.

카테고리 소유하기

막강한 리더들은 하나의 상품 카테고리를 상징하는 단어의 소유권을 가질 수도 있다. 간단한 단어 연상 시험으로 리더십 소유권 주장에 대한 타당성 여부를 시험해 볼 수 있다.

예를 들어 주어진 단어가 컴퓨터, 복사기, 초콜릿 바, 콜라라면 이 단어들과 가장 밀접하게 연관되는 네 단어는 IBM, 제록스, 허쉬Hershey's, 코크Coke다.

이때 민첩한 리더는 자신의 위치를 확고히 다지기 위해 한발 앞서 나갈 줄도 알아야 한다. 하인즈Heinz는 케첩이라는 단어의 소유권을 갖고 있다. 그럼에도 불구하고 하인즈는 가장 중요한 케첩 속성과 단절을 고집해 왔다.

'세상에서 제일 느리게 나오는 케첩'은 바로 하인즈가 고수하고 있는 '짙은 농도' 속성이다. '느리다'는 단어를 소유하고 있는 하인즈는 현재 시장 점유율 50퍼센트를 유지하고 있다.

자랑하는 것을 두려워 말라

리더로 인식되면 얻을 수 있는 힘의 이점들이 이렇게 많음에도 불구하고, 우리 주변에는 자신의 리더십에 대해 이야기하기를 꺼리는 리더들이 너무나도 많다. 그 이유에 대해 질문하면 그들의 대답은 언제나 한결같다.

"자랑하고 싶지가 않아서요."

그러나 자랑하지 않는 리더가 되는 것은 경쟁사로서는 두 손을 들고 반길 일이다. 힘들게 산 정상을 등정했으면 빨리 깃발을 꽂고 기념 사진이라도 몇 장 찍어 두는 것이 현명하다.

게다가 자기의 리더십을 표현할 수 있는 꽤 괜찮은 방법들도 많다. 우리가 가장 좋아하는 리더십 슬로건 중 하나를 떠올려 보자.

"피델리티 인베스트먼트Fidelity Investments. 이곳은 1,200만 명의 투자가들이 믿고 맡기는 곳입니다."

자기가 이룩한 업적에 대한 공로를 인정받지 못하면 등 뒤에서 호시탐탐 기회를 노리고 있던 누군가가 대신 그에 대한 소유권을 주장하고 나설지도 모른다.

어떻게 자기가 업계 최고가 되었는지를 이야기하는 데 있어,

리더십이 아주 훌륭한 연단이 되어 준다는 사실을 많은 리더들이 인식하지 못하고 있다. 바로 앞에서도 말했듯이 사람들은 일단 리더로 인식한 회사의 말은 어떤 내용이든 기꺼이 믿어 줄 것이다.

리더십의 다양한 형태

리더십에는 여러 가지 종류가 있지만 어떤 종류의 리더십이든 차별화를 위한 효과적인 방법을 제공해 줄 수 있다. 여기서 잠깐 리더십을 주장할 수 있는 다양한 방법에 대해 살펴보고 가기로 하자.

- 세일즈 리더십 : 리더들이 가장 많이 쓰는 전략 가운데 하나가 자기 상품이 얼마나 잘 팔리고 있는지 대외에 알리는 것이다. 도요타의 캠리Camry는 미국에서 가장 많이 팔리는 자동차 모델 중 하나다. 하지만 다른 회사들도 또 다른 방법으로 판매량을 산정해서 세일즈 리더십을 주장할 수 있다. 예를 들면 크라이슬러의 도지 캐러밴Dodge Caravan은 미니밴 부문에서 가장 많이 팔리는 모델이며, 포드의 익스플로러Explorer는 스포츠 다용도 차량SUV 부문에서 단연 판매율 1위라고 말하는 것이다. 이런 접근 방식은 아주 유용하게 먹힐 수 있다. 흔히 사람들은 다른 사람들이 사는 것을 사려고 하는 성향을 갖고 있기 때문이다.

- **테크놀로지 리더십** : 테크놀로지 개발에 오랜 역사를 갖고 있는 회사라면 차별화의 방법으로 테크놀로지 리더십을 이용할 수 있다. 오스트리아의 레이온 섬유 제조 회사인 렌징Lenzing은 판매율에 있어 업계 리더 기업은 아니다. 하지만 이 회사는 비스코스 섬유 테크놀로지에 관한 한 명실 공히 세계 최고의 기업으로 인정받고 있다. 이 회사는 새로운 개량 레이온을 개발해 냄으로써 섬유 산업계에서 많은 업적을 일구어 냈다.
- **성능 리더십** : 비록 양적으로 많이 팔리지는 않아도 성능이 대단히 우수한 상품들을 갖고 있는 회사들이 있다. 이런 회사들은 경쟁사가 감히 흉내 낼 수 없는 성능을 자기를 차별화시키는 방법으로 이용할 수 있다. 실리콘 그래픽스Silicon Graphics가 바로 그런 회사다. 이 회사는 자사의 강점을 할리우드 영화의 특수 효과를 만들어 낼 정도의 고기능 비주얼 워크스테이션에 있다고 생각했다. 그리고 다른 대부분의 회사 제품보다 그래픽과 데이터 처리 기능이 탁월한 고성능 와이드밴드 서버로 압축시켰다. 그 결과 실리콘 그래픽스는 '고기능 컴퓨터에서 세계 최고 기업'이라는 명성을 얻고 있다. 이런 접근 방법 또한 상당히 유용하다. 돈이 많은 회사들은 꼭 최고가 필요한 경우가 아니더라도 최고를 원하는 경우가 많기 때문이다.

전통을 이용한 차별화

제2장에서 우리는 사람의 마음이 불확실하다는 것을 살펴본 바 있다. 그리고 이런 불확실함을 극복할 수 있도록 소비자들을 도와주는 전략의 유용함에 대해서도 논한 바 있다.

전통은 한 기업의 상품을 돋보이게 만드는 힘을 갖고 있다. 그런 전통은 막강한 차별화 아이디어가 될 수 있다. 한 회사가 오랜 역사를 가지고 있다는 사실은 심리학적 차원에서 대단히 중요한 이점을 갖기 때문이다. 바로 이 이점으로 인해 그 회사를 선택하는 사람들의 마음속에 확신을 심어 줄 수 있다.

이에 관한 연구를 진행하면서, 오랫동안 업계를 지켜 왔다는 사실은 그 회사가 제대로 운영되어 왔음을 시사해 준다는 것을 알았다. 사람들이 그런 회사를 두고 이제껏 뭔가 옳은 일을 해 온 게 틀림없다고 인식하기 때문이 아닐까 생각했다.

그러나 중국이나 일본처럼 나이 많은 사람들이 공경받는 사회와 달리, 미국 문화는 오래된 것을 기피하는 경향이 있다. 미국인들은 모두 젊어지고 싶어한다. 나이 든 사람이 지혜롭다는 말은 이미 그 의미를 잃어 가고 있다.

전통의 심리학

우리는 캐롤 무그$^{Carol\ Moog}$ 박사에게 어째서 전통이 사람들에게 중요한 의미를 갖는 것인지에 대해 질문했다. 그러자 소비자 심리학 박사인 그녀는 다음과 같은 연구 결과를 보여 주었다.

전통이 인간 심리에 중요한 영향을 미치는 이유는 영속적 라인의 참여자가 된다는 힘 때문이다. 이 영속적 라인은 인간이 삶을 누릴 '권리'로, 그리고 죽은 후에 자기가 경험한 과거를 그 다음 세대에 물려주는 '역사'로 연결시켜 주고 묶어 준다.

이 연결의 고리는 계속 이어져 영속성을 갖는다. 조상과 연관된 전통에 대한 감각이 없다면 사람들은 소외감과 괴리감, 단절감, 허망함을 느끼게 된다. 또 과거로부터 이어져 온 연결고리가 없다면 미래로 가는 연결고리 또한 보장할 수 없다.

전통의 중요성을 또 다른 각도에서 생각해 본다면, 오랫동안 업계를 지켜 온 기업은 잠재 고객들에게 자기가 산업의 리더를 대하고 있다는 느낌을 갖게 해 주기 때문이라고 이해할 수도 있다. 꼭 특정 산업의 최고 기업이 아니라 하더라도 수명으로 따진다면 최고가 분명하기 때문이다.

어째서 많은 마케터들이 자기 회사가 왜 다른지 소비자에게 알리는 방법으로 전통과 문화를 애용하고 있는지 이해가 간다.

전통을 이용해 앞으로 나아가기

그렇다고 전통만이 능사는 아니다. 이와 관련해 AP통신의 한 비즈니스 관련 기자가 한 말을 인용해 보겠다.

"오랜 역사를 가진 회사들은 최근 몇 년간 소비자가 안정감을 느끼는 전통 요인을 지속적인 성공으로 이끄는 데 필수적인 진보적인 요인과 접목시킬 수 있는 마케팅 기술을 개발하기 위해 고심해 왔습니다."

포니 익스프레스Pony Express의 웰즈 파고Wells Fargo 은행은 오리지널 아이디어의 기본은 그대로 유지하면서도 현대적인 이미지를 고려해 적절하게 바꾸었다.

"그때도 빨랐고, 지금도 빠릅니다."

차이가 있다면 지금은 합승 마차가 초고속 컴퓨터 네트워크를 통해 광속으로 이동한다는 점만 다를 뿐이다.

엘엘 빈은 상품 카탈로그를 다채롭게 꾸몄다. 온라인을 구축하고, 기존의 뉴 잉글랜드 이미지는 그대로 유지하면서 여성복도 새로 내놓았다. 이 회사의 한 대변인은 이렇게 말했다.

"클래식하게 다가가되, 또 다른 세대에게도 맞추려고 노력했습니다."

고추 소스 부문에서 타바스코Tabasco의 지속적인 성장 비결은 전통을 중시하면서도 발전을 도모하는 전략이 제대로 균형을 이룬 데 있다.

루이지애나 시골의 작은 호수와 참나무 통 속에서 잘 숙성시킨 붉은 고추를 이용해 만든 타바스코의 광고는 전통이라는 테마를 이용하고 있다. 하지만 동시에 이 회사는 케이준 요리 페스티벌을 개최하고, 타바스코 넥티와 루이지애나의 한 선술집에서 처음 만들어졌다는 고추 맛이 나는 칵테일을 새롭게 개발하는 등 현대적이고 세련된 이미지도 동시에 다지고 있다.

그중 대중적인 인기를 얻고 있는 칵테일이 바로 테킬라에 타바스코 소스를 몇 방울 떨어뜨린 '초원의 불prairie fire'이다.

"마케팅에서는 모든 행동이 균형을 이루어야 할 필요가 있습니다."

타바스코의 회장인 폴 맥킬레니Paul C. P. McIlhenny가 한 말이다.

맞는 말이다. 그는 옛것과 새것의 균형을 제대로 맞추고 있는 사람이다.

가족적인 전통

자꾸 커져만 가는 세상 속에서 스스로를 차별화할 수 있는 효과적인 방법 중 하나가 비즈니스를 가족 사업으로 유지하는 일이다. 세금 문제와 세대 차이가 항상 방해가 되긴 하지만 가족이 서로 뜻만 잘 맞추어 간다면 가족 전통은 강력한 컨셉트가 될 수 있다.

사람들은 탐욕스러운 주주들 눈치를 보느라 삭막하고 비인격적인 일반 기업들에 비해 가족 비즈니스에 보다 친근감을 느끼는 듯하다. 물론 가족 구성원들도 주주들 못잖게 욕심이 많을 수도 있다. 하지만 가족들 사이에서 일어나는 일은 대외적으로 잘 알려지지 않기에 안으로는 아무리 탐욕이 판을 쳐도 문을 닫으면 보이지 않는 집안일일 뿐이다.

또 가족 비즈니스가 갖는 장점은 주가보다 상품에 더 많은 공을 들인다는 믿음을 얻어 낼 수 있다는 사실이다. 게다가 지역 참여에 있어서도 높은 점수를 받을 수 있다. 가족 비즈니스는 처음 회사가 세워진 그 도시에 계속 뿌리를 내리고 이루어지는 경우가 많다. 우리는 또 가족 비즈니스가 고용인들을 한 가족처럼 대우한다는 사실을 익히 들어 잘 알고 있다. 뿐만 아니라 '모두 다 함께' 성장해 왔다는 느낌까지 준다.

상품 제조 과정을 통한 차별화

어느 회사든 신상품 개발에 대단한 공을 들인다. 엔지니어, 디자이너, 제조 담당 부서는 시장에 나와 있는 기존 제품들보다 훌륭하게 제 몫을 담당해 줄 독특한 상품을 생산하고 시험하는 데 많은 시간을 투자한다.

하지만 이런 노력은 마케팅 담당자들의 손에 넘어가면서 아무것도 아닌 것으로 깎인다. 그리고 광고, 포장, 프로모션 같은 마케팅 활동 안에 휩쓸려 묻혀 버리고 만다.

한편, 소비자들은 어떤 상품이 어떻게 기능하는지 정확하게 알아내기 위해서는 그 제품에 대해 속속들이 파헤쳐 보아야 한다고 굳게 믿고 있다. 이렇게 그동안 우리가 미처 생각하지 못했던 곳에서 종종 막강한 차별화 아이디어가 발견되기도 한다.

마술사의 묘약

상품들은 저마다 고유한 기능을 발휘할 수 있게 해 주는 테크놀로지나 디자인 요인을 갖고 있다. 흔히 이런 테크놀로지는 특허 출원을 받는다. 하지만 마케팅 담당자들은 소비자들에게 설명하기가 너무 복잡하고 혼란스럽다는 이유로 이를 소홀히 대하는 경향이 있다. 그 대신 마케팅 담당자들은 리서치를 실시해서 소비자가 반기는 혜택이나 그 상품에 대한 생활 체험에 초점을 맞추고 싶어한다. 이런 입장의 마케팅 담당자들이 전형적으로 하는 말이 있다.

"소비자들은 상품이 어떻게 만들어지는지, 그 과정에는 관심이 없습니다. 다만 그 제품이 자신을 위해 무엇을 해 줄 것인가 하는 문제에만 신경을 쓸 뿐이지요."

하지만 이런 관점은 같은 카테고리 안에 있는 상품들은 기능이 모두 같다는 사실을 지나치고 있다는 데 문제가 있다. 모든 치약이 충치를 예방해 준다. 새 차는 무조건 잘 달린다. 모든 세제는 옷을 깨끗하게 만들어 준다. 그래서 상품의 제조 과정은 종종 차별화 요인이 되어 준다.

특히 회사들은 상품에 도입된 독특한 테크놀로지에 초점을 맞추고 싶어한다. 가능하다면 그런 테크놀로지에 이름을 부여하기도 하고, 마치 마술사의 묘약인 듯 포장해서 어떻게든 강조하려고 노력한다.

P&G는 충치 예방 효능을 지닌 불소 성분이 들어 있는 크레스트 치약을 내놓았다. 당시 광고 캠페인은 모든 사람들에게 그 치약이 불소를 함유하고 있다는 사실을 각인시키는 데 초점을 맞추었다. 그런데 과연 그게 무엇인지 제대로 이해한 사람이 있었을까? 별로 없었다. 그래서 그게 문제가 되었던가? 아니다. 그저 듣기에 그럴듯할 뿐이었다.

소니Sony가 텔레비전 시장을 장악하기 시작하면서 트리니트론Trinitron 브라운관을 일대 화두로 내세웠다. 그런데 과연 그게 무엇인지 제대로 이해한 사람이 있었을까? 별로 없었다. 그래서 그게 문제가 되었던가? 아니다. 그저 듣기에 그럴듯할 뿐이었다.

제너럴 모터스GM는 캐딜락Cadillac에 쓰이는 노스스타 시스템Northstar system을 프로모션하는 데 1억 달러는 족히 들였다. 그런데 그 엔진이 어떻게 기능하는지 제대로 이해한 사람이 있었을까? 별로 없었다. 그래서 그게 문제가 되었던가? 아니다. 그저 듣기에 그럴듯할 뿐이었다.

마술사의 묘약은 세세한 설명을 필요로 하지 않는다. '마술'이란 그런 것이다.

옳은 방식으로 만들기

상품을 만드는 방식에는 옳은 방식과 그른 방식이 있다. 그른 또는 바람직하지 못한 방식은 주로 경비 절약 과정을 거치면서 실행된다. 전문 컨설턴트들은 이런 방식에 '개량 제조 방식(쉽게 해석하자면 경비 절감)'이라는 꽤 그럴듯한 이름을 갖다 붙였다. 이에 비해 옳은 방식은 더 훌륭한 상품을 만들어 내고자 많은 경비도 감수하려고 노력한다.

만일 자기가 속한 산업이 잘못된 길로 가고 있다면 혼자 올바른 길로 감으로써 차별화를 이룰 수 있다. 스태니슬러스 푸드 프로덕츠Stanislaus Food Products의 경우가 그렇다. 이 회사는 미국 내

대부분의 이탈리아 레스토랑에 토마토 소스를 공급하는, 명실공히 토마토 소스 업계의 리더 회사가 되었다. 이 회사의 이 같은 업적은 높은 경비를 감내했기에 가능한 것이었다. 이 회사가 구사한 성공 전략은 농축 토마토 소스(만들거나 운송하는 데에 경비가 상대적으로 적게 든다) 일색인 동종 업계 분위기에 편승하지 않는 것이었다.

이 회사 사장인 디노 코르토파시Dino Cortopassi는 신선도를 유지하는 포장법을 개발하여 소스의 농축 과정을 거칠 필요가 없도록 만드는 것이 자사 상품을 위해 더 옳은 길임을 깨달았다. 물론 더 많은 돈을 들여야 했지만 대신 훨씬 맛 좋은 소스를 얻을 수 있었다.

바로 이것이 그의 차별화 전략이었다. 그 후 경쟁사들은 미국의 거의 모든 이탈리아 레스토랑이 디노 사장의 생각에 동조한다는 사실을 뼈저리게 깨달아야 했다.

고전적인 방법으로 만들기

독립 맛저matzo 회사인 아론 스트레이트Aron Streit Inc.도 이와 비슷한 경우다. 잘 모르는 사람들을 위해서 설명하자면, '맛저'는 이집트로부터 재료를 직접 공수해 와서 이스라엘식 제조 과정으로 만드는 빵을 말한다. 정말 믿을 만하고, 발효시키지 않았으며, 소금조차 치지 않은, 이 세상 어떤 첨가물도 넣지 않은 빵을 말한다.

비록 매니셰비츠B. Manischewitz가 장악하고 있는 동종 업계 시장의 작은 부분을 차지하고 있는 정도였지만, 스트레이트의 사람들은 전통이야말로 자신들이 만드는 맛저를 돋보이게 만들어 줄 수 있는 비결임을 깨달았다. 그래서 다른 회사들이 너도나도 아웃소싱을 외쳐 대고 있으나 스트레이트는 여전히 맨해튼 남쪽에 있는 리빙턴 스트리트에서 맛저를 만들고 있다. 1914년 회사가 처음 문을 열었던 바로 그 장소에서 말이다.

스트레이트의 웹 사이트인 Streitsmatzos.com에 들어가 보면, 이 회사는 차별화란 어떻게 실행하는 것인지 그 방법을 제대로 알고 있는 회사임을 깨달을 수 있다. 스트레이트의 차별화 전략을 여기 소개한다.

"스트레이트의 맛저가 다른 맛저와 왜 다른지 아십니까? 우리는 스트레이트의 오븐으로 오로지 스트레이트의 맛저만 구워 냅니다."

스트레이트는 지금도 여전히 고전적인 방식으로 맛저를 만들어 내고 있다.

대단함을 이용한 차별화

당신이 대단하다면 세상도 당신이 대단하다는 것을 알아야 한다. 앞서 제2장에서 말했듯이 사람들은 마치 양 떼와 같다. 그래서 무엇이 대단하고, 대단하지 않은지 무척 알고 싶어한다. 바로 이런 속성 때문에 마케팅에서 '입 소문'이 강력한 힘을 발휘할 수 있는 것이다. 입 소문은 주로 한 사람이 다른 사람에게 지금 무엇이 대단한지 알려 줌으로써 형성된다. 잊지 말자. 사람들은 약자를 좋아하는 것처럼 보일지 몰라도 정작 돈은 강자에게 건다는 사실을 말이다.

자랑하는 것에 대한 두려움

안타깝게도 많은 회사들이 성공한 것을 세상에 알리는 것을 부끄러워 한다. 우선 자랑은 미덕이 아니라고 생각한다. 자랑은 유치하며, 교양 없는 행위라고 생각한다. 하지만 정작 이런 거부감 뒤에는 오래도록 스스로 대단할 자신이 없는 데서 비롯되는 두려움이 숨어 있다. 그래서 자랑하지 않는다면? 난처한 일이 생기지 않는다는 보장이 있는가?

나는 회사나 상품이 세상에 나오는 일은 인공위성을 쏘아 올리는 일과 같다는 말을 하고 싶다. 궤도에 진입하려면 초기에 어느 정도의 추진력이 필요하다. 일단 진입을 하고 나면 일은 달라진다.

경쟁사보다 더 대단해지고 더 높은 판매 성장을 경험하게 되면 자사 브랜드를 적정 고도에 올려놓는 데 필요한 추진력을 확보할 수 있다. 일단 그 고도에 오르고 나면 계속 그 자리에 머물러 있게 해 주는 또 다른 무언가를 발견할 수 있게 될 것이다.

대단해질 수 있는 방법들

'대단함'을 이용한 전략을 구사하고자 한다면, 왜 자기가 대단한지 분명히 정의를 내릴 기회를 확보해야 한다. 하지만 많은 회사들이 이런 방법이 다양하다는 사실을 잘 알지 못하고 있다. 주로 쓰이는 방법들을 소개하기로 한다.

- **판매량** : 가장 많이 사용되는 접근법이 자사의 판매량과 경쟁사의 판매량을 비교하는 것이다. 이때 꼭 연간 판매량을 비교해야 된다고 못 박을 필요는 없다. 6개월도 좋고, 2년도 좋고, 5년도 좋다. 적당한 기간을 자유롭게 선정할 수 있다. 다만 판매량 산정을 위해 택하는 그 기간은 자사를 최고로 보일 수 있게 만들어 주는 것이어야 한다. 변수 또한 마음대로 정할 수 있다. 그리고 반드시 경쟁사와 비교해야 하는 것만은 아니다. 자기와 자기를 비교할 수도 있다.
- **업계 순위** : 대부분의 산업계는 경영 실적에 관한 연간 순위가 매겨지게 되어 있다. 이런 업계 순위는 〈레스토랑 뉴스Restaurant News〉 같은 산업계 잡지나 〈유에스 뉴스 앤드 월드 리포트U.S. News & World Report〉 같은 소비자 잡지, 제이디 파워스J. D. Powers 같은 기관에 의해 매겨진다. 이런 업계 순위에서 좋은 성적을 올린다면 이를 가능한 한 적극적으로 이용하라.
- **업계 전문가** : 어떤 산업계에는 해당 분야에서 광범위하게 읽히는 칼럼을 쓰는 전문가나 비평가들이 포진하고 있는 경우가 있다. 그중에서도 에스더 타이슨Esther Tyson이나 가트너 그룹Gartner Group 같은 전문 기관들이 있는 첨단

테크놀로지 업계가 특히 그렇다. 회사의 성공을 확실히 규정하는 방법으로 그런 전문가들의 말이나 조사 결과를 인용할 수 있다. 할리우드는 신작 영화를, 또 출판 업계는 신간 서적을 홍보할 때 주로 이런 기법을 쓴다.

언론이 대단하게 만들어 줄 수도 있다

자신이 이룩한 업적을 자화자찬하는 것도 한 방법이 될 수 있지만, 이왕이면 다른 사람이 해 주면 더욱 좋다. 다시 말해 적극적인 PR 프로그램이 한몫할 수 있다는 말이다.

제3자로부터 얻는 신용의 힘은 대단히 크다. 그 제3자가 이웃이 되었건, 지역 신문이 되었건, 사람들은 이런 정보원들의 시각을 공정하다고 평가한다. 그래서 그들이 대단하다고 하면 그 회사는 정말 대단해질 수 있다.

PR로 성공을 만들어 가는 일은 돌멩이 하나를 연못에 던지는 일과 같다. 처음에는 작은 파문으로 시작하겠지만 그 파문은 곧 연못 전체로 퍼져 나간다. 마찬가지로 처음에는 비평가들로 시작해서 곧 산업 신문으로, 전체 비즈니스와 소비자 매체까지 파문을 퍼뜨릴 수 있다.

다만 언론에 대고 이야기하기 전에 먼저 적절한 프로그램부터 만들어야 한다. 여기 그 모든 단계를 소개한다.

1단계 – 상식적인 전후 관계 만들기 : 논쟁의 소지는 결코 '무' 의 상태에서 만들어지지 않는다. 주변에는 언제나 논쟁을 만들어 내지 못해 안달을 하는 경쟁사들이 둘러싸고 있다. 그러니 전달하고자 하는 메시지는 해당 카테고리 안에서 전후 관계가 상식적이어야만 한다. 메시지는 실제 시장에서 이야기되고 있는 것, 실제 상황에 접수된 것에 근거를 두고 시작되어야 한다.

2단계-차별화된 아이디어 찾아내기 : 차별화된다는 것은 똑같지 않다는 말이다. 특별하다는 것은 유일한 존재가 되는 것을 말한다. 따라서 경쟁사들과 확연히 달라 보일 수 있는 무언가를 찾아야만 한다. 이때 자신의 차별점이 반드시 상품과 연관되어 있을 필요는 없다는 사실을 이해한다면 비결 하나를 깨친 셈이다. 단, 그렇다 하더라도 고객을 위한 혜택은 반드시 제시되어야 한다.

3단계-신용 얻기 : 자기가 가진 차별점을 논리적으로 쟁점화하려면 자신의 차별화 아이디어를 지지해 주고, 진실이며 믿어도 좋은 것으로 생각되도록 만들어 줄 신용을 확보해야만 한다.

이때 만일 상품 자체 기능에 차별점이 있다면 그 차별점을 적절히 설명해 보일 수 있어야 한다. 신용이란 그런 설명에 대한 반응으로 얻을 수 있는 것이다.

누수 방지 밸브가 있다면 누수 우려가 있는 밸브와 직접 비교해 보일 수 있어야 한다. 증거가 없는 차별점에 대한 주장은 말 그대로 '주장'에 지나지 않는다.

4단계-차별점과 커뮤니케이션 하기 : 촛불을 바가지로 덮어 씌우면 곧 꺼지고 말 듯이, 자기의 차별점을 가린 채 그 차별점을 유지해 나갈 수 없다. 차별화된 상품을 개발해 냈다고 해서 무조건 세상이 제 발로 찾아와 문을 두드리기를 기대할 수는 없다.

보다 나은 상품을 개발했다고 승리를 장담해서는 안 된다. 그보다는 소비자들에게 보다 낫게 인식된 상품이 승자가 될 가능성이 더 많다. 진실도 어떤 도움을 받아야만 세상에 나갈 수 있다.

다음에 제시하는 모든 종류의 커뮤니케이션 국면에 자기의 차별점이 반영되어야 한다.

- 광고
- 브로슈어
- 웹 사이트
- 판매 프레젠테이션

KeyPoint 확실한 차별점을 갖고 있지 않다면,
차라리 가격을
낮게 매기는 것이 현명하다.

CHAPTER **4**
전략은 경쟁과 직결된다

이제 제3장의 내용을 기반으로 자신의 경쟁사를 염두에 두고 전략을 입안해 보도록 하자. 그 경쟁사의 강점은 무엇인가? 약점은 무엇인가? 이런 식으로 시작해야 하는 이유는 오늘날의 비즈니스 세계는 리엔지니어링이나 지속적인 발전 따위와 관련이 없어졌기 때문이다. 지금의 비즈니스는 전쟁이 되었다. 이제는 더 나은 인력, 더 나은 상품도 통하지 않는다.

'더 나은 인력'에 관한 오류

어떤 경우에도 실력이 더 나은 사람은 앞서 나가게 되어 있다. 그리고 그것을 직원들에게 확신시키는 일은 그리 어렵지 않다. 이는 직원들도 전적으로 수긍하는 말이기 때문이다. 물론 마케팅 전쟁에서도 '질quality'의 문제는 '양quantity'만큼이나 중요하다.

하지만 인력의 '양'에 있어서의 우세하다는 것은 '질'의 차이를 극복할 만큼 대단한 이점을 갖는다.

내셔널 풋볼 리그에서 최하위를 달리는 팀도 최고를 달리는 팀을 꺾을 수 있다. 11명의 선수가 뛰는 상대 팀에 12명으로 맞서 싸우면 못할 것도 없다. 이런 사실을 의심할 사람은 별로 없을 것이다.

풋볼에 비해 팀의 수가 비교도 안 될 정도로 많은 비즈니스 세상에서는 질적 차이를 이루어 낼 능력을 확보하기가 훨씬 더 어렵다.

현명한 매니저는 판매 촉진을 당부하는 격려사와 마케팅 전쟁터의 현실을 혼동하지 않는다. 훌륭한 장군은 더 나은 인력을 확보하고 있다는 사실을 바탕으로 전략을 세우지 않는다. 비즈니스 전쟁에 나서는 장군도 마찬가지다.

직원들에게 그들이 얼마나 훌륭한지 마음껏 칭찬해 주라. 하지만 더 나은 인력만 믿고 전쟁에서 반드시 이길 수 있다고 기대하지는 말라. 더 나은 전략으로 전쟁에서 이길 생각을 해야 한다.

그러나 아직도 더 나은 인력 전략에 집착하고 있는 회사들이 많다. 자기 회사는 경쟁사보다 더 나은 인력을 발굴하고 채용할 수 있다고 확신하고 있으며, 자사의 더 좋은 훈련 프로그램이 이 인력면에서의 강점을 더욱 강화해 주리라고 믿는다.

하지만 통계학을 공부하는 학생이라면 이 같은 믿음에 조소를 보낼 것이 틀림없다. 물론 더 나은 인력을 어느 정도 확보하는 일은 가능하다. 하지만 회사의 덩치가 크면 클수록 직원의 대다수를 차지하는 평균 직원들의 능력은 말 그대로 평균일 가능성이 크다.

하물며 초대형 회사들의 경우는 어떻겠는가? 초대형 회사에서 지적으로 더 나은 인재만으로 팀을 구성할 수 있는 가능성은 통계적으로 0에 가깝다.

'더 나은 상품'에 관한 오류

대부분 매니저들의 마음속에 자리 잡고 있는 또 하나의 오류는 더 나은 상품만 있으면 마케팅 전쟁에서 승리할 수 있다고 생각하는 믿음이다.

수많은 마케팅 매니저들이 이런 생각을 하는 배경에는 '진실은 언젠가 드러나게 되어 있다'라는 나름대로의 지론이 깔려 있다.

일단 '진실'을 확보하기만 하면, 그 다음에는 그 진실을 잠재 고객들에게 제대로 전달해 줄 훌륭한 광고 회사, 그리고 판매에서 역량을 발휘해 줄 능력 있는 판매원들을 확보하기만 하면 된다고 생각한다.

우리는 이런 접근 방식을 가리켜 '안에서 밖으로의 사고 방식

inside-out thinking(상품 가치를 창조하는 데 있어 전통적 모델은 회사가 소비자들에게서 호응을 얻으리라고 내부적으로inside 예상한 상품을 시장으로out 밀어내는 사고 방식에 기초하고 있다. 그러나 지금은 회사 외부의 소비자들이out 회사 내부의 상품 가치를 인정하는inside 사고 방식에 기반을 둔 마케팅이 이루어져야 한다는 입장이 대두되고 있다.—1999년 〈하버드 리뷰〉 참조)'이라고 말한다. 이런 관점은 광고 회사나 판매원이 회사가 생각하는 '진실'을 어떻게든 이해해서, 이 '진실'을 이용해 잠재 고객들의 마음속에 심어져 있는 잘못된 컨셉트를 바로잡을 수 있다고 생각한다.

하지만 이는 잘못된 생각이다. 잘못 심어진 인식이 광고나 판매 노력만으로 그리 쉽게 바뀌지는 않는다. 그리고 과연 '진실'이란 무엇인가? 사람의 마음속에는 저마다 작은 블랙박스가 들어 있다. 어떤 회사의 광고나 판매 노력에 노출되면, 사람들은 자기 안에 들어 있는 블랙박스 안을 들여다보고 나서 "옳아", 또는 "옳지 않아" 하고 판단한다.

오늘날의 마케팅 세계에서 나타나는 가장 소모적인 실수가 사람의 마음을 바꾸고자 애쓰는 것이다. 사람의 마음은 한번 정해지고 나면 바꾸기가 거의 불가능할 정도로 힘이 든다.

자, 그렇다면 과연 '진실'은 무엇이란 말인가? 진실은 잠재 고객의 마음속에 있는 '인식'이다. 그 '인식'은 회사가 가진 진실이 아닐 수도 있다. 하지만 그렇다 해도 그것은 그 회사가 가지고 가야 할 유일한 진실이다. 그러니 그 진실을 받아들여야만 한다. 그리고 거기에 대처해야 한다.

그렇게 똑똑하면서 왜 부자가 되지 못했나?

다행스럽게도 자신이 더 나은 상품을 가지고 있다고 잠재 고객을 설득하는 데 성공했다고 하자. 하지만 그 잠재 고객이라는 사람들은 돌아서서 곧바로 이런 생각을 한다.

"이것 봐. 그것 참 이상하네. 당신네 컴퓨터가 IBM 것보다 낫다면서 IBM은 업계 최고인데 왜 당신네 회사는 그렇지가 못한 거지?"

비록 몇 개의 블랙박스를 손에 넣었다 할지라도 결코 방심해서는 안 된다. 아직 손에 넣지 못한 블랙박스는 얼마든지 있다. 자신이 모르는 수많은 블랙박스 주인들에 의해 금세 그마저도 흔들리게 될 것이다.

그렇게 똑똑하면서 왜 당신은 부자가 되지 못했는가? 이 얼마나 대답하기가 곤란한 질문인가 말이다. 마케팅 전쟁에서는 '옳다'는 사실만으로 결코 승리할 수 없다.

물론 장기적으로 본다면 분명 더 나은 상품이 이긴다는 또 하나의 잘못된 생각을 내세울 수 있다. 하지만 군대에서든 마케팅에서든 역사는 패배자가 아닌 승리자에 의해 쓰여진다는 사실을 잊지 말자.

옳은 것은 상품이 아니라 능력이다. 승자는 언제나 더 나은 상품을 가지고 있다. 그리고 승자는 언제든지 자기가 더 나은 상품을 갖고 있다고 말할 수 있다.

전쟁이 되어 버린 마케팅

알 리스와 나는 25년쯤 전에 《마케팅 전쟁》이라는 제목의 책에서 '전쟁이 되어 버린 마케팅'이라는 주제에 대해 처음으로 언급했다.

하지만 정작 그 책이 출판된 시기는 '경쟁'의 암흑기였다. 10년 전만 해도 '글로벌 경제global economy'라는 말이 사람들의 입에 그리 자주 오르내리지 않았다. 우리가 지금 너무나도 당연시하며 누리고 있는 첨단 테크놀로지도 그 당시 실리콘밸리 엔지니어들 눈에는 그저 희망 사항에 불과했으며, 글로벌 비즈니스는 극소수 다국적 기업들의 전유물이었다.

그러던 것이 새 천 년에 접어들면서 국가가 아닌 기업이 전 세계에서 가장 규모가 큰 100대 경제 단위 중 51개를 차지하는 시대가 도래했다. 세계 최대 500대 기업들이 전 세계 무역의 70퍼센트를 책임지고 있는 세상이 열린 것이다.

이런 오늘날의 시장 상황은 알 리스와 내가 처음 입에 담았던 '마케팅 전쟁'을 한낱 동네 싸움 수준으로 만들어 놓았다. 전쟁은 이 지구상 구석구석에서 쉴 새 없이 터지고 있다. 세상 모든 곳에서 모든 이들이 다른 모든 이들의 비즈니스를 꼬리에 꼬리를 물고 뒤이어 벌이고 있다.

이 모든 현실은 '마케팅 전쟁' 원칙이 그 어느 때보다 중요한 의미를 갖게 되었다는 사실을 시사해 준다. 회사들은 이제 경쟁자를 다루는 법을 배워야 한다. 어떻게 그들의 강점을 피해 가고, 어떻게 그들의 약점을 이용할 것인가? 이제 조직은 자기 회사가 죽거나 사는 방법이 아니라 다른 회사를 죽이거나 살리는 방법을 배워야 한다.

철학의 변화

마케팅에 관한 전통적인 정의는, 마케팅은 소비자 욕구와 필요를 충족시키는 일과 반드시 연관되어야 하는 것으로 믿게끔 만들고 있다.

노스웨스턴 대학Northwestern University의 필립 코틀러Philip Kotler 박사는 마케팅을 두고 '교환 과정을 통하여 욕구와 필요를 충족시키기 위해 이루어지는 인간 활동'이라고 말했다.

또 미시간 주립 대학Michigan State University의 제로미 매카시E. Jerome McCarthy 교수는 '마케팅은 소비자나 고객의 욕구를 예측함으로써, 그리고 이를 충족시켜 줄 상품 및 서비스를 생산자로부터 소비자나 고객에게 유통시킴으로써 조직의 목적을 달성하려는 인간의 실행 활동'이라고 말하고 있다.

이렇게 마케팅 관련자들은 전통적으로 고객 지향적인 입장을 취해 왔다. 그래서 매니지먼트는 상품 지향이 아니라 고객 지향이 되어야 한다고 누누이 강조해 왔다.

분명 제2차 세계 대전이 끝난 이후로 '고객'이라는 이름의 사람들은 마케팅 세상에서 명실공히 '왕'으로 군림해 왔다.

하지만 이제는 왕으로서의 고객이 그 수명을 다한 것으로 보인다. 그런데 지금도 마케팅 관련자들은 여전히 최고 경영진에게 시신이나 다름없는 그 '고객'만 열심히 들이밀고 있다.

그 이유는 오늘날 모든 회사가 한결같이 고객 지향적인 입장을 취하고 있기 때문이다. 그러나 다른 많은 회사들이 '나'와 같은 고객을 목표로 하고 있는 상황에서는 고객의 원하는 바가 무엇인지 알아봤자 별 도움이 되지 않는다. GM의 문제는 고객이 아니다. GM의 문제는 포드, 크라이슬러, 그리고 또 다른 수입 자동차 회사들이다.

경쟁사 지향으로

성공을 거두고 싶다면 회사는 경쟁사 지향이 되어야만 한다. 경쟁사의 위치에서 약점을 찾아내어 그 약점을 공략하는 공격형 마케팅을 구사해야 한다.

마케팅 전문가들 중에는 제대로 된 마케팅 플랜이라면 항상 경쟁사를 다루는 항목을 포함하고 있어야 한다고 말하는 사람들이 있다. 맞는 말이다. 그런데 그런 항목은 대개 계획서 후반 부쯤에서 '경쟁사 평가'라는 제목을 달고 있는 경우가 많다. 그 안에는 자세한 시장 상황, 다양한 세분 시장, 그리고 포커스 그룹, 테스트 참가자, 컨셉트 및 마케팅 테스트를 토대로 얻어 낸 고객 연구 통계 등이 다루어져 있다.

앞으로 마케팅 플랜에서는 이런 경쟁사 연구에 대한 항목이 훨씬 더 많은 지면을 차지하고 있어야만 한다. 그래서 실제 시장에 나와 있는 각각의 참여자들을 꼼꼼히 분석해야 한다. 그런 한편 경쟁적 약점과 강점에 대한 목록뿐만 아니라 그 약점과 강점을 이용할 것인지, 아니면 방어할 것인지에 대한 세부적인 행동 계획까지도 개발해야 할 것이다.

나중에는 이런 마케팅 플랜에 경쟁사의 핵심 마케팅 전담 대원들이 즐겨 쓰는 전술이며 운영 스타일이 고스란히 들어 있는 문서까지 포함되는 날이 올지도 모른다. 제2차 세계 대전 때 독일군이 연합군 사령관에 관해서 확보하고 있던 문서와 같다.

자, 그렇다면 이 모든 것이 미래의 마케팅 관련자들에게 암시하고 있는 바는 무엇인가?

바로 마케팅 전쟁에 대비해 만반의 준비를 하고 있어야만 된다는 뜻이다. 앞으로 마케팅 캠페인을 성공적으로 수행하려면 더욱더 군대 작전을 닮아 가야 할 것이다.

따라서 전략 입안이 앞으로 보다 더 중요해질 것이다. 기업들은 경쟁사들을 전면 공격해야 할지, 측면 공격해야 할지, 아니면 방어를 해야 할지, 또 언제 어떻게 게릴라전을 감행해야 할지 배워야 할 것이다. 그리고 경쟁사의 동태를 예측하기 위해 보다 우수한 지적 기반을 필요로 하게 될 것이다.

이것은 적절한 경쟁적 전략을 확보하려는 노력과 직결된다. 그리고 다음의 표에서 제시하는 '전략적 사각 구도'를 구성하고 있는 마케팅 전쟁의 네 가지 유형을 이해하고, 그 가운데 어떤 것을 자기가 처한 상황에 적용해야 할지 이해하는 것과도 직

〈전략적 사각 구도〉

방어적 전쟁	공격적 전쟁
측면 전쟁	게릴라 전쟁

결된다.

아래의 원칙들은 21세기를 무대로 삼고 있는 회사들의 생존을 위한, 단순하면서도 아주 중요한 전략적 모델이다. 그 내용을 자세히 살펴보도록 하자.

1. 방어적 전쟁은 리더 회사들이 치르는 전쟁이다 : 이때 리더 회사란 고객들이 그 카테고리의 리더라고 인정해 주는 회사들을 말한다. 리더인 척 행세하는 경우는 해당되지 않는다.

   아주 적극적인 리더는 새로운 아이디어로 자기 자신을 공격하는 데 주저하지 않는다. 질레트[Gillette]가 바로 이런 종류의 전통적인 방어자다. 2~3년마다 새로운 아이디어로 자사의 기존 면도날을 대체하고 있다. 양날 면도기 아트라[Atra]를 내놓았는가 했더니 이어 충격 흡수 면도기 센서[Sensor]를 선보였으며, 지금은 세 날 면도기 마하3

Mach 3를 내놓았다. 계속 굴러가는 회사에는 경쟁자가 붙지 못하는 법이다.

적극적인 리더는 경쟁자들의 경쟁적 움직임을 그 즉시 차단할 줄도 알아야 한다. 빅^{Bic}이 일회용 면도기를 내놓았을 때, 질레트는 재빨리 일회용 양날 면도기로 응수했다. 이 제품은 현재 해당 상품 카테고리를 장악하고 있다.

질레트의 이 모든 상품들을 합치면 전체 면도날 시장의 60퍼센트를 웃돈다. 바로 이런 것이 리더다.

2. 공격적 전쟁은 업계 2위나 3위 회사들을 위한 전략이다 : 이 전쟁의 첫 번째 원칙은 리더 회사의 강점을 피하는 것이다. 대신 약점을 알아내서 그 지점을 공격한다. 그 다음, 회사의 모든 노력은 이 지점에 초점을 맞추어야 한다.

최근 몇 년 사이, 미국에서 가장 빠른 성장세를 보이고 있는 피자 체인으로 파파 존스 피자$^{Papa John's Pizza}$가 있다. 파파 존스는 피자 헛$^{Pizza Hut}$의 약점인 '재료의 부실함'을 공격했다. 파파 존스의 설립자인 존 슈네이터$^{John\ Schnatter}$는 미국 내에서 가장 품질이 좋은 토마토 소스를 만드는 일에 착수했다. 그 토마토 소스는 다른 피자 회사들은 돈을 주고도 살 수 없었다. 이런 사실은 존 슈네이터 사장이 내건 제품 컨셉트인 '더 좋은 재료, 더 좋은 피자'의 초석이 되어 주었다.

존 슈네이터 사장은 계속해서 이 '더 좋은 재료' 컨셉트에 초점을 유지하고 있다. 그는 치즈, 토핑 등 자신의 피자에 들어가는 모든 재료에 이 컨셉트를 적용하고 있으며, 심지어 '더 좋은' 반죽을 만들기 위해 물도 정수해서 쓰고 있다.

〈월 스트리트 저널 Wall Street Journal〉이 보도한 대로, 파파 존스 피자는 '범상치 않은 성공'을 거두고 있다. 피자헛으로서는 이런 종류의 뉴스가 반가울 리 만무하다.

리더를 공격하는 가장 좋은 방법 중 또 하나는 신세대 기술을 이용하는 것이다.

현재 종이 제조 업계의 종이질 측정 시스템 시장에서는 리더인 메저렉스 Measurex와, 그리고 생산되는 공정에서 종이의 균일성을 측정하는 시스템이 주류이던 이전 시장의 리더 아큐레이 AccuRay라는 두 거목이 치열한 접전을 벌여 왔다.

아큐레이는 제품의 일부가 아닌 생산되는 종이 전체를 대상으로 균일성을 측정해 내는 전기 스캐닝 테크놀로지라는 차세대 기술로 메저렉스를 공격했다. 이 신무기는 하이퍼 스캔 풀 시트 이머징 Hyper Scan Full Sheet Imaging이라는 것으로, 아큐레이는 메저렉스의 능력이 닿지 못하는 수준 높은 품질 제어 측정기라고 자신하고 있다. 이 아이디어는 아큐레이가 이제 막 경쟁자를 밀어내기 시작하면서 그 효력을 발휘하고 있는 것으로 보인다.

3. 해당 카테고리에서 거점을 만들어 보려는 신생 기업이나 중소기업은 주 전쟁터를 피해 측면으로 공격할 수 있다 : 이 전략은 대개 경쟁자가 없는 영역에 진입하고자 할 때 사용되며, 시장에 놀라움을 줄 수 있는 요인을 포함하고 있어야 한다. 놀라움의 요인은 오빌 레덴바커Orville Redenbacher의 구어메이 팝콘이나 그레이 푸퐁Grey Poupon의 디종 머스터드처럼 새로운 아이디어로 구현될 수 있다.

지금 제대로 된 측면 전쟁의 활약상을 볼 수 있는 분야가 바로 골프 업계다. 다른 회사들이 드라이버, 아이언, 퍼터 등에 초점을 맞추고 있을 때, 아담스 골프Adams Golf는 이제껏 한 번도 심각한 접전 양상이 펼쳐진 적이 없던 영역으로 눈길을 돌렸다. 그린에서 200야드나 떨어진 페어웨이로.

아담스 골프가 구사한 측면 전법이란, 잔디가 별로 없는 딱딱한 지점에 볼이 떨어진 경우를 해결하기 위해 페어웨이 우드를 판판한 모양으로 디자인하는 것이었다. 단순하면서도 그럴듯한 제품명이 이 제품의 특징에 대해 모든 것을 말해 주고 있다. 바로 '타이트 라이즈 페어웨이 우드Tight Lies Fairway Woods'가 그것이다.

이 제품은 출시되자마자 미국에서 가장 빠른 성장세를 보인 페어웨이 우드가 되었다.

19세의 마이클 델Michael Dell이라는 이름의 청년이 작은 컴퓨터 회사를 세웠을 때, 그는 매장 판매로는 기존 회사들과는 도저히 경쟁이 될 수 없다는 사실을 깨달아야만 했다. 그러나 그 당시 컴퓨터 산업은 매장 판매만이 유일한 영업 방식이라고들 생각하고 있었다. 컴퓨터 산업계의 회사들 모두 우편 주문을 받는 컴퓨터는 소비자들이 첨단 제품이라고 믿어 주지 않을 것이라고 굳게 생각하고 있었다.

델은 그런 고정관념을 보기 좋게 깨부수었다. 그는 다이렉트 마케팅direct marketing(전통적 유통 경로를 따르지 않고 대고객 관계에서 판매원의 접촉을 제외시킨 직접 유통 방식)으로 컴퓨터 시장을 측면 공격해 들어갔다. 결국 그는 5년 만에 연간 8조 달러의 막대한 수익을 올리는 회사를 만들어 냈다.

4. 게릴라전은 소규모 회사들을 위한 전쟁이다 : 이 전쟁에서 가장 중요한 첫 번째 원칙은 방어가 쉬운 작은 시장을 찾아내는 것이다. 한마디로 '작은 연못에서 큰 물고기 되기' 전략이다.

게릴라 전쟁에서는 아무리 큰 성공을 거두어도 결코 리더인 것처럼 행세해서는 안 된다. 그저 성공을 거두는 데만 전념하는 것이 성공적인 게릴라 회사들의 비결이다. (피플즈 익스프레스 에어라인을 기억하는 사람 있는가?)

게릴라 전쟁에서는 여차하는 순간 잽싸게 그 자리를

떠날 태세를 갖추고 있어야 한다. 작은 회사들은 손실을 감당할 여력이 충분하지 못하다. 정글 속에 몸을 숨기고 어쨌든 살아 남아서 전투를 위한 또 다른 날을 준비해야 한다.

오늘날 가장 흥미로운 게릴라 전쟁의 대표적인 사례는 카리브 해 제도에서 찾아볼 수 있다. 이곳에서는 크고 작은 여러 섬들이 한바탕 관광 전쟁을 치르고 있다.

그레나다Grenada는 카리브 해 최남단에 위치한 섬들 중 하나다. 레이건 대통령이 쿠바인 축출을 위해 침공을 감행해서 세상에 알려지게 된 이 섬은 최근 관광 비즈니스에 동참을 선언하고 나섰다.

관광 전쟁터에 늦게 진입한 덕분에 그레나다 섬은 자연 그대로 손상되지 않은 채 보존되어 있다. 콘크리트는 거의 찾아 볼 수 없고, 해변에도 아직 과다한 개발의 손길이 미치지 않았다. 실제로 그레나다 섬에는 야자수보다 높은 건물이 없다. 이런 조건에 힘입어 그레나다는 '원래 그 모습 그대로의 캐러비언', 즉 손상되지 않은 섬의 특징을 살린 전략을 개발해 나갔다.

이는 아주 그럴듯한 아이디어다. 주변의 다른 모든 섬들은 이미 개발이 된 상태고, 그레나다 섬의 자연이 한순간에 파헤쳐질 일은 없기 때문이다.

하지만 정글에서 전쟁을 치르고 있는 작은 게릴라들은 그 정글에 과밀 현상이 빚어질 수 있다는 사실을 경계해야만 한다. 맥주 전쟁에서 한때 성공적인 게릴라로 꼽혔던 소규모 맥주 제조 업체들이 그 좋은 본보기가 되어 준다.

술에 관한 한 상상할 수 있는 모든 새로운 제조 공법을 추구하는 소비자들의 기대, 그리고 자본 확보가 비교적 용이하다는 특징 때문에 맥주 산업계에는 무려 4,000개에 달하는 서로 다른 소규모 맥주 브랜드들이 생겨났다. 하나의 작은 시장에 이 정도로 많은 게릴라들이 몰려들게 되면 마침내 서로가 죽고 죽이게 되는 결과를 초래할 수밖에 없다. 이는 곧 현실 속에서 그대로 나타나게 되었다.

무서운 속도로 성장세를 보이던 소규모 맥주 제조 산업은 이제 하루 묵은 맥주처럼 거품이 모두 빠져 나간 상태다. 지금은 전체 양조업과 브루펍brewpub(우리 나라에서는 흔히 '하우스 맥주'라고도 불리며, 다양한 형태의 맥주를 업소에서 직접 제조 판매하는 것)을 양대 축으로 산업이 재편성되고 있다.

과연 누가 이 대중 양조 전쟁에서 승자가 될 것인가? 산업 관계자들은 순수한 미국 내 프랜차이즈를 가진 유일한 소규모 맥주 제조 업체인 샘 애덤스Sam Adams와 캘리포니아 지역에서 오랜 역사를 갖고 있는 소규모 맥주 제조 업체인 시에라 네바다Sierra Nevada와 앵커 스팀Anchor Steam이 승자의 대열에 끼게 되리라고 내다보고 있다.

전술과 전략

미국의 여러 대기업에서 '전략'에 관한 일을 해 오는 동안, 나는 하나의 혁신적인 결론에 도달할 수 있었다. 전략 개발은 '위에서 아래로' 이루어지는 것이 아니라 '아래에서 위로' 이루어져야 한다는 것이다. 다시 말해 전략은 해당 비즈니스의 실제 전술에 관한 심도 있는 지식과 참여를 기반으로 개발되어야 한다는 뜻이다.

전술은 전략을 주도해야 한다. 즉 커뮤니케이션 전술이 마케팅 전략을 이끌어가야 한다는 말이다. 그러나 대부분의 마케팅 관련자들은 이와 정반대로 생각한다. 조직의 원대한 전략을 구축하는 것이 우선이고, 전술은 그 다음에 자연히 만들어질 수 있다는 것이 보편적인 생각이다.

바로 이 때문에 대부분의 매니저들은 자기가 이루고자 하는 것에 지나치게 집착하고 있다. 그래서 향후 5년, 10년 뒤에 회사가 있었으면 하고 바라는 '위치', 그것에 대한 세부적인 계획 외에 다른 장기적 계획이란 없다.

전략이나 몇 년 뒤에 자신이 있고 싶은 위치에만 초점을 맞추게 되면 비즈니스 세계에서 말하는 끔찍한 두 가지 죄악을 범하게 된다. (1) 실패를 인정하려 들지 않으며, (2) 성공을 지속적으로 추구하는 일을 꺼리게 된다. 바로 이것이 우리가 말하는 '위에서 아래로'의 사고방식이다.

이 주제를 보다 잘 이해하기 위해서는 알 리스와 내가 《아래에서 위로의 마케팅Bottom-Up Marketing》이라는 책을 통해서 밝힌 전략에 관한 몇 가지 새로운 정의를 꼭 이해하고 넘어갈 필요가 있다.

전술이란 무엇인가?

전술은 하나의 아이디어다. 전술을 찾고 있다면 그 사람은 아이디어를 찾고 있는 셈이다.

하지만 아이디어라는 것은 너무 뜬구름 같은 개념이다. 어떤 종류의 아이디어를 말하는 것인가? 어디에서 그 아이디어를 찾아야 하는가? 이런 것들은 반드시 답을 찾아 내야 할 중요한 질문이다.

이 중요한 질문들에 대해 답을 하는 데 있어, 다음에 제시하는 구체적인 정의를 이용한다면 도움이 될 수 있을 것이다.

'하나의 전술은 경쟁력 있는 정신적 우위점이다.'

전술이 성공할 수 있는 기회를 확보하기 위해서는 경쟁적 우위점을 갖고 있어야 한다. 이는 반드시 더 좋은 상품이나 더 좋은 서비스를 갖고 있어야 한다는 의미는 아니다. 그보다는 차별적인 요소가 반드시 있어야 한다는 뜻이다. 더 작거나, 더 크거나, 더 가볍거나, 더 무겁거나, 더 싸거나, 더 비싸다는 사실 등이 차별적인 요소가 될 수 있다. 그리고 '다른' 유통 시스템 역시 차별 요인이 될 자격이 있다.

전술은 다른 회사의 한두 개 정도의 상품이나 서비스 경쟁 관계에 국한되기보다는 전체 마케팅 전쟁터를 기준으로 경쟁력을 가진 것이어야 한다.

이때 그 마케팅 프로그램이 효과적으로 개진되도록 힘을 부여해 주는 마음속의 하나의 지점, 그것이 바로 경쟁력 있는 정신적 우위점이다. 이곳은 원하는 결과를 얻어 내기 위해 회사의 총력을 모아야 하는 지점이기도 하다.

하지만 전술만으로는 부족하다. 일련의 과정을 완성하기 위해 전술을 전략으로 전환시킬 필요가 있다. 전술이 못이라면 전략은 망치인 셈이다. 마음속에 제대로 자리를 잡기 위해서는 전술과 전략, 이 두 가지 모두가 필요하다.

전략이란 무엇인가?

전략은 목표가 아니다. 우리의 인생처럼 전략 또한 목표가 아닌 과정에 초점이 맞추어져야 한다. '위에서 아래로' 생각하는 사람들은 목표 지향적이다. 그래서 자기가 이루고자 원하는 바를 먼저 결정해 놓고, 그 다음에 그 목표를 성취하기 위한 방법과 수단을 개발하는 경향이 있다.

하지만 '목표'란 원래가 그리 쉽게 성취되는 성격의 것이 아니다. 그래서 '목표 먼저 세우기'는 숱한 좌절을 초래할 수 있다. 정치와 마찬가지로 마케팅 또한 '가능성'의 예술이다.

알 리스와 내가 규정한 전략의 정의는 '전략'을 목표가 아닌 '하나의 일관된 마케팅 방향'으로 보고 있다.

전략은 선택된 전술에 그 초점을 맞춘다는 점에서 일관성을 갖는다.

전략은 일관된 마케팅 활동 모두를 아우른다. 상품, 가격 설정, 유통, 광고 등 마케팅 믹스를 구성하는 이 모든 활동들이 전술을 바탕으로 일관성 있게 초점이 맞추어져야 한다. 전술을 빛의 특정 파장으로, 전략을 그 특정 파장으로 빛을 증폭시키는 레이저라고 생각하면 된다. 잠재 고객의 마음속을 뚫고 들어가기 위해서는 빛의 파동과 레이저, 두 가지가 모두 필요하다.

결국 하나의 전략은 하나의 일관된 마케팅 방향이다. 한번 세워진 전략은 그 방향이 바뀌어져서는 안 된다.

전략의 목적은 전술을 먼저 취하기 위해 자원을 동원하는 것이다. 하나의 전략적 방향에 자신의 모든 자원을 집중시킨다면 '목표'가 존재할 때의 제약 따위에 방해받지 않고 전술 개발을 극대화할 수 있다.

실제 전쟁과 마찬가지로 마케팅에서 가장 안전한 전략은 다름 아닌 전술의 신속한 개발에 있다. 그렇지 않으면 패배자가 된다. 승자들은 계속 전진해 간다.

전술 대 전략

전술은 하나의 아이디어, 또는 하나의 계획이다. 전략은 많은 요인들로 이루어져 있지만 그 모든 것들이 전술을 향해 초점이 맞추어져야 한다.

전술은 독특하거나 색다른 계획이다. 그에 비해 전략은 일반적이다.

전술은 시간과 무관하며 비교적 한결같은 개념이다. 그에 비해 전략은 일정한 시간이 지남에 따라 전개된다. 예를 들면 세일^{Sale}은 대부분의 유통 업자들이 한 번, 또는 그 이상 이용하는 전술이다. 그런 세일이 매일 일어나고 있는 곳이 할인 매장이며, 이것이 바로 전략이다.

전술은 경쟁적인 우위점이며, 전략은 그 경쟁적 우위점을 유지하기 위해서 고안된 것이다.

전술은 상품, 서비스, 회사에 대해 대외적인 개념이다. 심지어는 그 회사가 만드는 상품이 아닐 수도 있다. 이에 비해 전략은 대내적 개념이다. 그리고 전략은 종종 내부적으로 대대적인 구조 조정을 필요로 한다.

전술은 커뮤니케이션 지향이며, 전략은 상품, 서비스, 회사 지향이다.

'아래에서 위로' 식 마케팅 원칙은 아주 간단하다. 구체적인 것에서 일반적인 것으로, 단기간에서 장기간으로 접근해 나가야 한다.

이 '아래에서 위로' 식 마케팅에서 반드시 명심해야 할 중요한 사실을 기억해 두자. 먹혀 들어갈 전술을 찾아내라. 그리고 그 전술을 전략으로 구축하라. 둘도 안 되고, 셋도 안 되고, 넷도 안 된다. 단 하나의 전술을 찾아내는 것이 중요하다.

일반적으로 볼 때 전술은 경쟁사보다 자기 회사가 훨씬 능숙한 솜씨로 해낼 수 있는 그 무엇이다. 제2차 세계 대전에서 조지 패턴$^{George\ S.\ Patton}$ 장군은 탱크전에서 대단히 능숙한 솜씨를 발휘했다. 그것이 조지 패턴 장군의 전술인 셈이다. 사우스웨스트 에어라인Southwest Airlines의 CEO인 허브 켈러허Herb Kelleher는 단거리 항공 운항에서 대단히 능숙한 솜씨를 발휘했다. 이 모든 것이 다음 장에 소개할 '전문화'를 위한 탄탄한 초석이 된다.

> **KeyPoint** 경쟁자를 알아내라.
> 그들의 강점은 피하라.
> 그리고 그들의 약점을 이용하라.

CHAPTER **5**
전략은 전문화와 직결된다

비즈니스가 전쟁이라면 그 전쟁에서 살아남고 뻗어 나가는 방법은 어느 한 부분에서 경쟁자보다 나아지는 것이다. 대기업이건 중소기업이건 그 회사가 선택한 전략은 '핵심역량'을 중심 축으로 삼고 있는 것이어야 한다. 왜 그래야만 하는가?

그것은 바로 사람들은 하나의 특정한 활동이나 상품에 전념하는 회사로부터 강한 인상을 받기 때문이다. 사람들은 그런 기업을 '전문가'라고 인식한다. 그리고 전문가로서의 그 회사를 실제보다 더 많은 지식과 경험을 갖고 있다고 믿으려 하는 경향을 보인다. '전문가'의 정의를 잘 생각해 본다면 사람들의 이런 심리를 쉽게 이해할 수 있다.

'어떤 특정 분야에서 많은 훈련 경험과 지식을 보유하고 있는 사람.'

반대로 팔방 미인은 아무리 그 재주가 뛰어나더라도 자기가 노력한 여러 분야에서 전문성을 인정받지 못하는 경우가 많다. 잠재 고객들도 한 사람, 또는 하나의 회사가 모든 분야에서 전문가가 될 수 없다는 것 정도는 상식으로 알고 있다.

귀중한 교훈

나는 몇 년 전 제너럴 일렉트릭^{GE}을 통해 팔방 미인보다 전문가가 가지는 막강한 힘에 대해서 배울 기회가 있었다.

그때는 GE가 일괄 도급 계약 전력 공장$^{turnkey\ power\ plant}$이라고 하는 컨셉트를 막 출시한 다음이었다. 그 컨셉트란 아주 간단했다. 전력 회사의 '모든' 설비를 조합해 낼 수 있는 능력을 갖추고 GE 직원들이 고객을 찾아간다. 그리고 모든 작업이 끝나면 GE는 완성된 전력 공장의 문을 열 수 있는 열쇠를 고객에게 넘겨주기만 하면 된다. 쉽게 말해 전력 공장 원 스톱 쇼핑 컨셉트인 셈이다.

어떤가? 꽤 그럴듯한 아이디어로 보이지 않는가? 하지만 틀렸다. 거래 상대인 전력 회사는 GE에게 이렇게 말했다.

"감사합니다. 그럼, 우리는 귀사와 터빈 발전기에 관한 계약을 체결하겠습니다. 그 외 제어 시스템, 스위치 기어, 기타 설비에 대해서는 다른 전문가들과 계약을 하게 될 겁니다."

전기를 발명한 당사자인 GE를 앞에 두고도 그 전력 회사는 해당 분야의 최고를 원했다. 바로 '전문가' 말이다.

또 다른 귀중한 교훈

GE는 그 전력 회사가 모든 것을 다 알고 있다는 사실을 눈치 채고, 이번에는 일반 가정으로 시선을 돌렸다. 주부들을 찾아가 'GE 부엌'을 사라고 권하기 시작한 것이다. 그랬더니 결과는 마찬가지였다. 주부들은 이렇게 말했다.

"대단히 감사합니다. 귀사의 냉장고를 사지요. 하지만 식기 세척기는 키친에이드KitchenAid, 세탁기는 메이태크Maytag 제품으로 살 생각입니다."

전체 가전 제품 업계의 최고봉인 GE를 앞에 두고도 주부들은 자신이 생각할 때 '최고'라고 생각되는 회사의 것을 고르고 싶어했다.

GE 같은 팔방미인은 아무리 그 이름이 위대해도 특정 시장에서는 별 힘을 발휘하지 못한다.

크래프트Kraft 같은 식료품 업계의 또 다른 거인의 이름을 떠올려 보자. 이 거물급 인사의 이름도 전문적인 브랜드 네임 앞에서는 무기력해진다. 마요네즈 업계에서는 헬맨Hellmann's에게 한 대 얻어맞는다. 젤리 업계에서는 스머커Smucker's에게 목을 졸린다. 머스터드 업계에서는 프렌치French's에게 참패를 당한다. 요구르트 업계에서는 다농Dannon에게 몰살을 당한다.

다행히 크래프트도 몇 개의 전문 브랜드를 갖고 있기는 하다. 그런데 문제는 소비자들이 크래프트의 주력 상품을 크래프트가 만들어 내는지 잘 모르고 있다는 사실에 있다. 그렇다. 필라델피아 크림 치즈 말이다. 물론 포장지에 '크래프트'라는 이름이 선명하게 찍혀 있다. 하지만 사람들의 시선은 미처 그 이름에 닿지 못한다. 대부분의 소비자들은 '크래프트'란 필라델피아에 있는 어떤 작은 치즈 제조 회사려니 생각하고 있다.

유통 업계도 사정은 마찬가지

이제는 유통 업계를 한번 둘러보자. 오늘날 어려움에 빠진 유통 업계는 어디인가? 그렇다. 바로 백화점이다. 도대체 백화점이란 무엇인가? 백화점은 '모든' 것을 파는 장소다. 바로 이 점이 재난을 일으킨 주범이다. '모든' 것을 취급하다 보니 차별화하기가 대단히 어렵기 때문이다.

캠포Campeau, 엘 제이 후커L. J. Hooker, 김벨즈Gimbel's 모두 결국은 부도가 나고 말았다. 힐즈Hills 백화점도 파산했다. 전 세계에서 가장 큰 규모를 자랑하던 메이시Macy's도 파산 신고를 한 상태다. 물론 여전히 건재한 백화점들도 몇몇 있긴 하지만 위의 예들을 통해 우리는 백화점 같은 형태의 비즈니스에게 세상이 얼마나 가혹해져 가고 있는지를 알 수 있다.

인터스테이트 백화점Interstate Department Stores은 부도가 나자 돈이 되는 상품, 즉 장난감 하나에만 전력을 기울이기로 결정했다. 이

왕 장난감에 총력을 기울이기로 한 바에 회사 이름도 '토이즈러스Toys 'R' Us로 바꾸었다. 오늘날 토이즈러스는 미국 내 장난감 산업 유통의 17퍼센트를 차지하고 있다.

유통 체인점들 중에는 토이즈러스의 '심화된 상품으로 초점 좁히기' 공식을 모방해서 성공을 거둔 예가 많다. 스테플즈Staples와 블록버스터 비디오Blockbuster Video가 그 좋은 예다.

지금 유통 업계에서 큰 성공을 거두고 있는 회사들은 거의 모두가 전문 브랜드다.

- 리미티드The Limited : 직장 여성을 위한 고급 양장
- 갭The Gap : 젊은이를 위한 감성 캐쥬얼
- 베네통Benetton : 젊은이들을 위한 울, 면 전문 소재 의류
- 빅토리아즈 시크릿Victoria's Secret : 섹시한 속옷
- 풋 로커Foot Locker : 운동화
- 바나나 리퍼블릭Banana Republic : 고품격 캐쥬얼 웨어

바나나 리퍼블릭 같은 이름의 의류 체인이 성공을 거두고 있다면, 지금 우리가 얼마나 전문화된 시대에 살고 있는지 짐작할 수 있다.

성장을 향한 대칭점

경제학자인 밀턴 프리드맨Milton Friedman은 이런 말을 했다.

"우리는 성장하고자 하는 절박한 필요성이 아니라 그저 성장하고자 하는 절박한 욕망만 갖고 있을 뿐이다."

회사들마다 더 커지는 것이 무조건 더 낫다고 결정짓는 현실을 보면서, 우리는 이런 사실을 몸으로 실감해 왔다. 그러나 이제 우리는 덩치가 크면 그만큼 많은 문제점을 갖게 된다는 사실 또한 생생히 목격하고 있다. 우선 관리하기가 더 힘들다. 초점도 없고, 언제나 숫자 전쟁이 되어 버린다. 대부분의 잘못된 마케팅의 뒤에 바로 이런 '욕망'이 버티고 있다. 또 이런 욕망의 뒤에는 월 스트리트가 버티고 있으며, 월 스트리트의 뒤에는 인간 욕심이 버티고 있다. (이에 대해서는 제8장에서 더 자세하게 다루기로 하자.)

이 모든 것과 대칭점을 이루고 있는 것이 '전문화'다. 전문화는 상대적으로 덩치가 크고 초점이 분산되어 '우리는 모든 것을 다 한다' 식의 경쟁자를 상대할 때 아주 유용하다. 그 이유는 앞서도 언급했지만, 소비자들이 하나의 회사가 모든 방면에서 골고루 잘할 수 있다고 생각해 주지 않기 때문이다.

소비자들은 그 방면에서 최고를 사고 싶어한다. 오늘날의 항공 산업계를 생각해 보자. 항공 산업계에서는 오로지 하나의 항공 회사만이 이윤을 취하고 있다. 바로 단거리와 '지점 대 지점 point-to-point' 운행의 전문가인 사우스웨스트 에어라인이다. 허브(한 지역에서 다른 여러 지역으로 비행기가 연결되는 공항)나 기내 음식도 없고, 예약석 개념도 없으며, 보유하고 있는 비행기 기종도 한 가지뿐이다.

전문화는 현재 세상이 전진해 가고 있는 방향으로 발을 맞춰 움직이고 있다. 그 대열에 성공을 거둔 대형 글로벌 브랜드와 정글 속 어느 한 지점에서 뛰어난 재능을 발휘한 전문 브랜드가 동참하게 될 것이다. 이때, 이것도 아니고 저것도 아닌 흐리멍덩한 회사들은 어려움에 부딪힐 수밖에 없다. 세계적으로 경쟁할 수 있을 만큼 크지도 못하고, 그렇다고 소규모 전문 브랜드들과 경쟁할 수 있을 만큼 유연성을 갖추지도 못하게 된다면 말이다.

전문가 되기

전문가는 자신의 전문 분야를 자기만의 차별점으로 확고히 다질 기회를 갖는다.

현재 환경 컨설팅 비즈니스 업계에는 크고 작은 회사들이 몰려 있지만 하는 일은 모두 같다. 그 속에서 ENSR이라는 보스턴의 한 환경 컨설팅 회사는 자기만의 독특한 전문 분야를 만들어 냈다. 다름 아닌 '환경성 적법 유무 조사environmental due diligence'가 그것이다.

국제적 차원의 부동산 및 비즈니스 거래가 이루어지면, 그 거래를 둘러싸고 있는 제반 환경 문제를 평가하는 과정에서 이 회사는 자사가 보유하고 있는 전 세계의 폭넓은 자원을 이용해 컨설팅을 제공한다. 이런 전문성은 다른 경쟁사들로부터 이 회사를 확연히 차별화시켜 주었다.

출판업계에서의 꿈같은 성공 사례

자동차 마니아가 아닌 사람들은 〈허밍스 모터 뉴스Hemmings Motor News〉라고 하는 월간지의 이름을 들어 볼 기회가 별로 없었을 것이다. 그러나 어떤 한 분야에서 전문성 구축이 성배聖杯나 마찬가지인 출판 업계에서 이 잡지는 전문화에 있어 가장 돋보이는 성공 사례로 꼽힌다.

〈허밍스 모터 뉴스〉 잡지는 한 달에 무려 26만 5,000부가 팔려 나가고 있으며, 연간 수익만 해도 2,000만 달러에 육박한다. 특집판이 아닌 경우 약 800여 쪽 되는 지면에 모델 티 포드Model T Ford용 자동차 휠 베어링 세트부터 1932년산 롤스로이스 헨리 로드스터Rolls-Royce Henley roadster에 이르기까지 2만여 건의 광고가 빽빽하게 들어차 있다.

이 잡지는 상당 부분이 잡다한 흑백 광고들로 채워져 있다. 광고료는 수표나 신용 카드로 미리 받는다. 기사에 할당하고 있는 부분은 아주 적다.

오늘날 출판 업계에서 황금 알을 낳는 거위가 된 이 잡지사의 사장인 테리 에리치Terry Ehrich는 자신의 잡지가 인기를 얻게 된 비결은 '자동차 수집과 자동차 개조가 널리 유행하게 된 덕분'이라고 한다. 그는 이렇게 말한다.

"저는 명마의 등에 올라 있는 평범한 기수에 불과합니다."

그런데 그 명마는 마침 훌륭한 전문성을 갖춘 아이디어가 되어 주었다.

일반화 되기

전문성이 막강한 무기로 극대화되는 방법은 일반화다. '일반화'란 하나의 브랜드 네임이 그 상품뿐 아니라 그 상품이 속한 전체 카테고리를 대변하는 경지에 이르게 되는 것을 말한다. 게토레이Gatorade는 이미 스포츠 음료수 업계에서 그런 경지에 오른 막강한 전문가다.

복사기 업계의 제록스나 접착 테이프 업계의 스카치처럼 되기는 쉬운 일이 아니지만, 어쨌든 전문가는 브랜드 성공에 있어 가장 높은 고지에 오를 수 있는 기회를 갖는다.

일반화된 전문가 중 내가 가장 좋아하는 예 중의 하나가 영국의 하이즈 덴험Highes Denham에 있는 마틴 베이커 에어크래프트 컴퍼니Martin-Baker Aircraft Company다. 1,000명 남짓한 직원을 두고 있는 이 회사는 군용 제트기의 비상용 탈출 의자를 처음 개발한 가족 소유 회사다.

미국의 거의 모든 비행기에는 비상시 탑승자를 탈출시키는 용도로 이 첨단 테크놀로지 의자를 장착하고 있다. 마틴 베이커는 지금까지 세트당 설치 가격이 15만 달러인 이 비상 탈출용 의자를 7만 개 이상을 만들어 왔다. 이는 바로 다음 순위에 있는 경쟁사 생산량의 세 배가 넘는 양이다.

나도 이전에 몇 년 동안 항공기 산업에 몸담은 적이 있었는데, 그 당시 동료 직원들은 그 의자를 지칭할 때 언제나 '마틴 베이커 시트'라고 불렀다.

작은 전문가들

우리는 오늘날 난관에 봉착해 있는 거물급 기업들에 대해, 또 요즘 같은 글로벌 경제 체제 속에서 시장 점유율을 유지해 가는 일의 어려움에 대해 익히 들어 잘 알고 있다. 하지만 그런 한편, 우리가 잘 들어 보지 못한 회사임에도 불구하고 발군의 실력을 발휘하고 있는 회사들이 있다. 흐뭇한 일이 아닐 수 없다.

랜다우어Landauer는 엑스레이를 다루는 직업을 가진 사람들을 위한 방사선 배지radiation badge(개인의 방사선 누적량을 측정하는 장비)를 제조하는 회사다. 이 회사의 연간 매출액은 5,800만 달러에 달하며 총매출액 중 28퍼센트를 순이익으로 올리고 있다. 그리고 동종 업계 시장에서 50퍼센트의 시장 점유율을 확보하고 있다. 이 회사의 전문화 전략은 바로 이것이다.

'대기업으로서는 이익 구도가 맞지 않는 소규모 시장 유지하기.'

지브라 테크놀로지Zebra Technologies는 주로 바코드에 쓰이는 열감지 방식 라벨 프린터를 만드는 회사다. 이 회사의 매출액은 4억 7,500만 달러이며 순수익은 7,100만 달러, 그리고 시장 점유율은 35퍼센트이다. 이 회사의 전문화 전략은 이것이다.

'경쟁자들이 포착하기 어려운 수많은 틈새 산업을 대상으로 독특한 유통 네트워크 개발하기.'

애프터마켓 테크놀로지Aftermarket Technology는 자동차 트랜스미션만 재생산하는 회사다. 이 회사의 연간 매출액은 4억 1,500만 달러에 달하며, 72퍼센트의 시장 점유율을 갖고 있다. 이 회사는 현재 미국의 3대 자동차 제조 회사의 이름으로 출시되는 자동차용 트랜스미션을 재생산하고 있다. 이 회사의 전문화 전략은 이것이다.

'전문성 고수하기.'

이처럼 지금 정글 속에는 덩치는 비록 작아도 행복해 하며 정글 인생을 즐기고 있는 게릴라들도 많다.

거인 전문가들

거인 회사들 중에도 전문가들이 있다. 다만 일반인들은 그런 회사들이 전문가들인지 잘 알지 못하고 있을 뿐이다. 여기 바로 그런 3개의 회사를 소개한다.

3M은 연간 매출액만 160억 달러를 올리고 있으며, 수천 종에 달하는 혁신적인 상품들을 자랑하고 있는 회사다. 그러나 적어도 내가 보기에 이 회사를 주도하고 있는 것은 접착제와 금속고리 등을 이용해 물건들을 서로 '붙이는' 것이 이 회사의 기본적인 전문성이다. 그 어떤 회사도 이 회사만큼 물건들을 잘 '붙이지' 못한다.

그동안 이 회사가 만들어 냈던 고공 프로젝션 시스템, 가슴 성형용 실리콘, 자료 보관 장비, 오디오 및 비디오 테이프, 복사기, 심장 수술 기구 같은 상품들은 모두 실패하고 종적을 감추었다. 이 회사의 전문화 상품인 포스트잇과 스카치 테이프는 여전히 승승장구하고 있다.

질레트는 80억 달러의 매출액을 올리고 있으며, 전 세계 동종 시장의 60퍼센트 이상을 점유하고 있는, 명실공히 면도날 업계의 '고질라'로 일컬어지는 대기업이다. 이 회사의 힘 역시 전문성에 있다. 질레트는 듀라셀Duracell 건전지와 브라운Braun 가전, 오럴비Oral-B 구강 청결 제품을 소유하고 있는 기업이긴 하지만 이 회사의 기본적인 전문성, 즉 '면도 비즈니스'에 비하면 한낱 주변 상품에 지나지 않는다. 질레트는 모발 관리 비즈니스와 문방용품 비즈니스를 모두 매각 처분했다. 질레트는 앞으로도 면도와 별 상관이 없는 비즈니스는 미련 없이 정리해 나가리라 믿어 의심치 않는다.

오티스Otis는 전 세계를 무대로 100만 대 이상의 엘리베이터를 만들어 낸 세계 최고의 엘리베이터 제조 회사다. 이 회사는 유나이티드 테크놀로지United Technologies의 자회사 중 가장 큰 성공을 거둔 회사로 꼽힌다. 그런 성공은 바로 이 회사만이 가진 독특한 전문화 전략 덕분이었다.

누구든지 회사 규모를 키우고 싶다면 유나이티드 테크놀로지가 한 대로 따라하면 된다. 바로 캐리어Carrier 같은 에어컨 전문 회사, 시코스카이Sikorsky 같은 헬리콥터 전문 회사, 프랫 앤드 휘트니Pratt & Whitney 같은 제트 엔진 전문 회사, 노덴Norden 같은 방위전자 업계 전문가 회사들을 다수 소유하는 것이다. 현재 유나이티드 테크놀로지는 전 세계에서 훌륭히 제 몫을 다해 내고 있는 거대 복합 전문가 기업이다.

나쁜 소식도 있다

전문가는 전문가로서의 자기 자리를 유지해야 한다. 절대로 다른 비즈니스 쪽으로 눈을 돌려서는 안 된다. 잠재 고객들의 마음속에 이미 전문가로서 자리잡고 있는 위치가 잠식당할 수 있기 때문이다.

심장 전문 의사들은 이런 사실을 본능적으로 직감했음에 틀림없어 보인다. 그들은 자신의 비즈니스를 보다 크게 키워 보고 싶다는 이유로 무릎 관절 치환술에 관심 갖는 일 따위는 하지 않는다.

대부분의 마케터들은 단 하나의 비즈니스나 전문성에 얽매이는 일을 좋아하지 않는다. 가능한 한 많은 일을 하고 싶어한다. 그러나 다른 쪽으로 시선을 돌리는 순간, 다른 회사가 전문가가 될 기회의 문을 자기 손으로 열어 주게 된다는 사실을 깨닫지 못하고 있다.

하인즈는 피클 업계에서 전문가였다. 그러더니 케첩을 만들어 내기 시작했다. 지금 이 회사는 블라식Vlasic과 마운틴 올리브Mt. Olive가 치고 올라온 피클 비즈니스에서 밀려날 위기에 처해 있다.

미국 시장에서 폴크스바겐Volkswagen은 한때 소형차 비즈니스에서 전문가였다. 그러더니 갈수록 자동차 덩치가 커지고, 속도가 빨라지면서 컨셉트도 오락적으로 변해 버렸다. 오늘날 소형차 시장은 일본과 미국이 장악하고 있다.

스코트는 미국의 최고 티슈 브랜드였다. 그러더니 다양한 종이 상품으로 비즈니스의 다각화를 시도했다. 이제 티슈 시장은 샤민이 리더로 군림하고 있다.

CEO의 취미를 경계하라

마그나 인터내셔널Magna International은 전 세계 최고의 자동차 제조 회사들에게 부품을 납품하던 전문가였다. 크라이슬러, 포드, 지프, 닷지, 시보레, 메르세데스, 캐딜락 같은 쟁쟁한 자동차 회사들이 이 회사의 고객이었으며, 연간 매출액은 60억 달러에 육박했다. 이 회사는 부품 업체가 전全 좌석 시스템entire seating system처럼 더 크고 복잡한 부품 단위를 납품하는 방향으로 변해 가고 있는 지금의 자동차 부품 산업 시류의 선봉에 서 있다.

이 회사의 회장인 프랭크 스트로나크Frank Stronach는 수백 마리의 경주마를 갖고 있는 대단한 경마 애호가이기도 하다. 그래서 왜 이 회사가 캘리포니아의 산타 아니타 경마장 같은, 주력 비즈니스와 무관한 자산을 취하겠다고 나섰는지 미루어 짐작은 간다. (말은 자동차와는 전혀 다른 종류의 전문 분야다.) 현재 또 다른 경마장도 고려 대상에 들어 있다고 한다.

지금 이 회사의 회장은 자동차 부품 비즈니스에서 경마장과 스포츠 도박 비즈니스로 전향하고 싶어한다. 이를 두고 주주들은 그리 달가워하지 않으리라는 사실 또한 미루어 짐작이 간다.

나도 한번 내기를 걸어 보고 싶다. 곧 난항을 겪게 되리라는 사실에.

사실을 말하라, 그리고 알려라

　세상 모든 사람들이 어떤 분야에서 누가 전문가인지 알고 있다고 가정할 필요는 없다. 내가 조언하고 싶은 것은 자기 자신을 어떤 분야에서든 전문가로 자리매김하라는 것이다.
　사람들 또한 이런 종류의 정보를 알고 싶어한다. 특정 비즈니스에서는 누가 전문가인지 알고 싶어하기 때문이다. 어떤 일이 자기가 하는 '모든 것'이라면 사람들도 그 사실을 알도록 만들어야 한다.
　이 주제에 관해서는 일본 자동차 브랜드인 스바루Subaru의 경우가 좋은 예가 될 수 있다. 조지 뮬러George Muller 회장은 1993년 스바루의 회장으로 취임하던 당시 이런 질문을 던졌다.
　"우리는 무엇을 잘하는가?"
　"우리의 특징은 무엇인가?"
　조지 뮬러 회장은 이 질문에 대해 '전륜全輪 구동all-wheel-drive 테크놀로지'라는 답을 얻었다.
　곧 그는 자기가 얻은 이 답에 총력을 기울이기로 결단을 내리고 이렇게 말했다.
　"우리는 도요타와 혼다로부터 우리를 차별화시키고자 전륜구동 자동차만 제조하기로 굳게 맹세합니다."
　그리고 광고를 통해서도 스바루는 일반 자동차를 만드는 회사가 아니라 오로지 4륜 구동 차량에서 전문가가 되리라는 사실을 당당히 천명하고 나섰다. 조지 뮬러 회장의 이 같은 결정은 곧 수많은 '흉내쟁이me-too' 자동차 회사들의 판매량이 가파른 하강 곡선을 그리도록 만들었다. (판매 최고점에서 60퍼센트나 하락했다.) 스바루는 자기 자신을 차별화하는 데 전문성을 이용했기에 성공할 수 있었다.

나는 아직껏 이 '전문성'에 관한 주제로 책을 쓴 적이 없다. 하지만 기대해 주기 바란다. 언젠가는 독자들이 《전문화로 살아남기Specialize to Survive》라는 제목의 내 책을 만나게 될 날이 올지도 모른다. 그때까지는 제5장에서 한 이야기가 도움이 되어 줄 것이다.

> **KeyPoint** 여러 가지를 두루 잘하기보다는 한 가지를 탁월하게 잘하는 편이 낫다.

CHAPTER 6
전략은 단순화와 직결된다

복잡한 전투 계획과 마찬가지로 복잡한 전략 또한 대개가 실패할 가능성이 크다. 잘못될 소지가 너무나 많기 때문이다. 훌륭한 전략의 필수 조건은 '단순화'다. 그러나 여기에는 장애물이 있다. 바로 대부분의 사람들이 복잡한 것을 추앙하고 간단한 것을 믿으려 들지 않는다는 사실. 이것은 내가 《단순함의 원리 The Power of Simplicity》을 저술할 때, 오랜 시간을 들여 고심했던 주제이기도 하다.

분명함을 찾아서

단순한 아이디어에 대한 두려움을 진정시켜 줄 수 있는 해독제는 바로 '상식'이다. 하지만 안타깝게도 사람들은 회사로 출근하면서 자기가 갖고 있는 모든 상식을 죄다 주차장에 두고 오는 듯하다.

맥길 대학McGill University의 경영학부 헨리 민츠버그Henry Mintzberg 교수는 "매니지먼트란 아주 흥미로운 현상이다. 상식이 널리 쓰여지고 상식이 지대한 영향력을 행사하면서도 정작 상식은 심각하게 결여되어 있다"고 말했다.

상식은 모든 사람들이 공유하는 지혜다. 그것은 많은 사람들에게 분명한 진실로 자리잡은 그 무엇이다.

단순한 아이디어는 분명한 아이디어가 될 가능성이 크다. 그 주변에 하나의 '진실'의 고리를 갖고 있기 때문이다. 하지만 사람들은 자기 안의 본능을 믿으려 하지 않는다. 어딘가에 더 복잡한 답이 숨겨져 있을 것이라고 생각한다. 하지만 이것은 잘못된 생각이다. 자기 자신에게 분명한 것은 다른 사람들에게도 분명하다. 그래서 분명한 답은 실제 시장에서 아주 잘 먹혀들어간다.

사전에서 상식의 정의를 찾아보면 '감정적인 편견이나 지적 정도와 무관하며 고유한 양질의 판단'으로 되어 있다. 또한 상식은 특별한 기술적 지식과도 아무런 상관이 없다.

즉, 지금 우리가 보고 있는 사물의 모습이 바로 실제 모습이라고 보면 되는 것이다. 자, 냉철한 이성의 인도를 받아 자신의 결정에서 감상적인 면과 이기심을 걷어내 보자. 더 이상 단순해질 수 없을 것이다.

길거리에서 얻은 결과

다음과 같은 시나리오를 생각해 보자. 무작위로 10명을 골라 캐딜락의 외양을 시보레와 똑같이 만든다면 반응이 어떨 것으로 생각되느냐고 물어보자. 아마 십중팔구는 이렇게 대답할 것이다.

"잘 안 팔릴 것 같은데요."

이때 그 사람들이 내리는 판단은 오직 상식에만 의존하고 있다. 자기가 내린 결론을 뒷받침해 줄 자료나 조사 결과를 확보해 둔 상태가 아니다. 뿐만 아니라 기술적인 지식이나 지적 근거를 갖고 있지도 않다. 이 사람들에게 캐딜락은 그저 아주 비싼 자동차이며, 시보레는 그보다는 조금 덜 비싼 자동차일 뿐이다. 이렇듯이 소비자들은 대상의 실제 모습 그대로를 보고 있다.

하지만 제너럴 모터스의 회사 안으로 들어가 보자. 소비자들이 세상을 있는 그대로 보는 데 비해, 그곳에 있는 매니져들은 자기가 원하는 모습대로 세상을 본다. 상식이 무시되고 있는 것이다. 그 결과로 인해 탄생한 차가 시마론^{Cimarron}이다. 당연한 결과였겠지만 그 자동차는 많이 팔리지 않았다.

GM은 이 경우를 통해 뭔가 배운 바가 있었을까? 그렇지 못한 것 같다. 시보레를 닮은 또 다른 캐딜락, 즉 카테라^{Catera}를 갖고 다시 돌아왔기 때문이다. 지난 작품과 마찬가지로, 이 자동차 역시 상식적이지 않았기에 잘 팔리지 않았다. 이는 독자들도 알고 나도 아는 사실이다. 하지만, 유독 GM은 알고 싶어하지 않는 사실이다.

레오나르도 다 빈치Leonardo da Vinci는 인간의 마음을 가리켜 '눈, 귀, 그 외 다른 인식 기관들을 통해서 자료를 모으는 연구소'라고 표현한 바 있다. 이때 얻어진 자료는 여러 가지 인식 기관을 통과한 다음, 다시 상식이라는 기관을 거치면서 걸러지게 된다. 다시 말해 상식은 우리가 가진 기본적인 감각을 보다 높은 곳에서 내려다보고 있는 일종의 '초감각'이다. 이 초감각을 비즈니스 세상에 몸담고 있는 사람들은 도무지 신뢰하려 들지 않는다.

잠깐이라도 마케팅 세계에서 일을 한 적이 있다면 소비자라는 이름의 사람들이 대단히 비이성적이라는 사실을 눈치챌 수 있었을 것이다. 지금 우리 주변에는 여행용으로 고안된 4륜 구동 자동차가 크게 유행하고 있다. 그런데 정작 그 차로 여행을 떠나고 있는 사람은 몇이나 되는가? 10퍼센트도 채 되지 않는다. 사람들은 정말 이런 자동차를 필요로 하는가? 별로 그렇지 않다. 그런데도 왜 못 사서 안달들인가? 다른 사람들이 사기 때문이다. 그러니 어떻게 이성적이라고 볼 수 있겠는가?

이제는 섣부른 지식의 문제에 대해 잠깐 짚어 보도록 하자.

세상이 어디로 가고 있는 중인지 제대로 밝혀 내지 못한 애매한 리서치와 논쟁에 휘말리게 되면 한 회사의 전략은 길을 잃고 헤매게 된다. 그러나 그것을 진짜로 아는 사람은 없다. 다만 자신이 알고 있는 것처럼 행세할 뿐이다. 한낱 관점에 지나지 않는 섣부른 지식들은 교묘하게 가공되기도 하고, 사실로 위장한 가정과 손을 잡기도 한다.

리서치는 혼란을 가져올 수 있다

이 책을 읽고 있는 여러분들은 지금쯤 자신에게 이렇게 질문하고 있으리라.

"나는 어떤가? 리서치를 믿고 있지는 않는가?"

대답은 '예' 아니면 '아니오' 둘 중 하나일 것이다.

나는 특정한 종류의 리서치는 믿는다. 그리고 나는 데이터에 현혹되어서는 안 된다는 사실을 믿고, 사람들이 자신의 본능을 신뢰하지 않는다는 사실을 믿는다. 무엇은 믿고, 무엇은 믿지 않아야 하는지 제대로 이해하는 것이 중요하다. 그렇게 하려면 내가 《마케팅 전쟁Marketing Warfare》에서 사용했던 군대식 논리를 적용해 볼 필요가 있다.

전쟁과 마케팅을 비교할 수 있는 기준은 아주 많다.

비즈니스의 지형은 실제 시장 상황이다. 적군은 경쟁사다. 목표물은 소비자의 마음이다. 그리고 무기는 미디어다.

리서치는 정보다

비즈니스 세상에서 정보를 동원할 수 있는 작업은 바로 리서치다.

훌륭한 군대 참모는 자신의 손에 들어오는 정보들을 종종 의

심한다. 마케터들도 마찬가지가 되어야 한다.

이와 관련해 《전쟁론Vom Kriege》을 저술한 유명한 군인인 칼 폰 클라우제비츠Karl von Clausewitz가 한 말이 있다.

"전쟁에서 입수되는 정보는 상당 부분이 사실과 어긋나는 것들이다. 또 그보다 더 많은 부분이 가짜이며, 가장 많은 부분이 알아볼 수 없는 문자들로 이루어져 있다."

도대체 정보 없이 싸워야 하는지, 그래도 정보는 가져가야 하는지 난감한 지경이다.

하지만 정보가 갖고 있는 이런 본질적인 한계에도 불구하고 정보를 수집하려는 노력은 계속해서 그 범위를 넓혀 가고 있는 중이다. GM, 코닥, 모토롤라 같은 회사들은 지적 노력을 강화하기 위해 공식적으로 정보 전담 부서를 갖춰 놓고 있다. 다른 회사들도 '비즈니스 정보'와 '경쟁사 분석' 같은 주제를 전략 입안 과정의 주요 부분으로 삼고 있다.

미국의 50대 리서치 기관들은 '답'을 찾아 헤매는 데 무려 40억 달러를 쓰고 있다. 그 가운데 38퍼센트는 미국 외부에서 흘러 들어온다.

이러한 정보 수집 노력은 경쟁적 압력이 심해지는 정도에 비례해 갈수록 증가되고 있다.

근본적인 모순

아마도 그 이유는 인간의 행동이 갖고 있는 근본적인 모순 때문이 아닌가 싶다. 세상이 달려가고 있는 방향을 예측하기가 힘들면 힘들수록, 자기가 무엇을 해야 하는지 결정하기 위해 사람들은 그런 예측을 알아내려 하고, 또 거기에 의존하려는 정도는 더욱 강해진다. (〈캘리포니아 매니지먼트 리뷰$^{California\ Management\ Review}$〉는 이런 사실과 연관해 '매니지먼트와 마술'이라는 제목으로 기사를 게재한 바 있다.)

이 세상에 경쟁자들을 생각하지 않고 전략을 입안하던 시대는 이미 가고 없다. 숫자 싸움에만 열을 올리고, 양적 모델이나 역설하면서 정작 내 밥그릇을 훔치려고 호시탐탐 기회를 엿보는 적들은 모르고 있던 전략 입안자들도 가고 없다. 1990년 말 경쟁이 가속화되고 수많은 시장에서 성장이 둔화되자 위용을 떨치던 그 이전 전략들은 그것을 인쇄하는 데 쓴 종이 값도 안 될 정도로 가치가 하락하고 말았다.

그렇다면 과연 마케터가 할 일은 무엇인가? 정보를 최대한 잘 이용해서 제대로 된 전략적 결정을 내리려면 어떻게 해야 하는가?

이를 위한 몇 가지 제안을 하려 한다.

데이터에 현혹되지 말라

과잉 연결 현상을 보이고 있는 지금의 사회 환경은 여과되지 않는 데이터가 남발할 수 있다는 문제점을 안고 있다. 이런 환경 속에서는 정보가 더 이상 힘을 발휘하지 못한다. 오히려 '단순함'이 힘이다. 주변에 넘치고 있는 수십, 수백억 가지의 정보들 중에서 중요한 정보만 쏙쏙 가려낼 줄 아는 능력을 갖추는 것이야말로 막강한 힘이 된다. 단순함은 복잡한 것을 분명함으로 바꾸는 예술인 것이다.

수십억 달러 규모의 마케팅 리서치 산업이 안고 있는 맹점은 조사 연구자들이 단순함에 대해서는 사례를 받지 않는다는 사실에 있다. 오로지 정보의 '양'을 기준으로 사례를 받는다.

지금은 지나치게 넘쳐나는 데이터를 걸러서 중요한 부분만 간추려 내는 기술이 필요한 때다. 대개 그 중요한 정보란 전체 정보 중에서 채 5퍼센트도 되지 않는다. 하지만 그 정보만으로도 충분하다.

구체적인 사례를 들어서 설명해 보겠다.

P&G의 브랜드 매니저 집무실이었다. 내가 맡은 일은 이 회사에서 최고 주력 브랜드 중의 하나를 운영하는 일에 관한 것이었다. 나는 매니저에게 그 회사가 갖고 있는 조사 연구 능력에 대해서 간단한 질문을 했다. 그리고 나는 그의 대답에 놀라지 않을 수 없었다.

"조사요? 우리에겐 정보가 차고도 넘치는 컴퓨터가 있습니다. 조사 같은 게 왜 필요한 겁니까? 어떻게 처리해야 할지도 모를 만큼 너무나 많은 정보를 가지고 있는데요."

너무 많은 데이터로 인해서 자기가 갖고 있는 상식이나, 그 비즈니스가 속해 있는 시장에 대한 감각이 흐려지는 일이 있어서는 안 된다.

그리고 그저 한때 지나가는 유행이 데이터로 둔갑할 수도 있다는 사실 또한 기억하자. 1980년경 한 시장의 자료에 의하면, 1985년까지 전체 미국 가정의 5퍼센트가 비디오텍스트videotext(텔레비전을 통해 각종 생활 정보를 손쉽게 받아 볼 수 있도록 고안된 문자 방송)에 열광할 것이라고 예견되었다. 비디오텍스트는 이전에 전혀 접해 보지 못했던 새로운 유행이었다. 그래서 나이트-리더Knight-Ridder는 비디오텍스트 서비스를 구축하는 데 무려 600만 달러나 퍼부었다. 하지만 수익은 하나도 건지지 못하고 고스란히 폐기 처분하고 말았다. 물론 인터넷이라는 복병을 만난 게 패인이었다. 인터넷이야말로 우리를 '텍스트(문자)'에 매달려 있게 만든 장본인이다.

포커스 그룹에 현혹되지 말라

포커스 그룹이란 비즈니스 세계에서 가장 널리, 동시에 가장 잘못 사용되고 있는 도구 중의 하나다. 한 번도 본 적이 없는 '수다쟁이'들을 한 방에 가득 모아 놓고 회사 마케팅 전략에 영향을 주고자 한다면 큰 재앙을 초래할 수 있다.

첫째, 우선 그 과정이라는 것이 잘못되었다. '포커스focus'라는 말이 어디서 비롯되었는지 의문을 가져 본 적이 있는가? 포커스는 1960년대 어떤 주제에 관해 반복적인 조사 연구를 실행하면서 포커스가 흐트러지지 않도록, 즉 포커스를 잘 맞추기 위해서 처음 사용된 개념이다. 그렇다. 이것이 포커스 그룹의 시작이었다.

그런데 오늘날 많은 회사들이 목표 고객$^{\text{target audience}}$의 진정한 표본이라 할 수 있는 양적 리서치에는 별 관심을 갖지도 않으면서 이 포커스라는 말을 자주 쓰고 있다. 그저 극소수의 사람들이 아무렇게나 떠들어 대는 의견에만 귀를 기울이고 있으면서 말이다.

둘째, 포커스 그룹을 진행하는 과정에서 한낱 방관자에 지나지 않는 사람들이 마케팅 전문가로 돌변한다.

보통 사람들은 돈이나 섹스, 가십, 몸무게 같은 일상적인 주제 이외에는 크게 관심을 갖지 않는다. 포커스 그룹 속에 자리하고 앉아서 치약이라는 물건에 대해서 2시간 동안이나 고민을 해야 하지만, 사실 이들은 지금껏 살면서 치약에 대해 생각하는 데 단 10분의 시간도 내 본 적이 없는 사람들이다. 게다가 조사 담당자는 의견을 구한답시고 포커스 그룹에게 보통 사람들의 정상적인 사고 과정을 초월하는 무리한 방식으로 질문을 한다.

그날만큼은 그 보통 사람들을 마케팅 매니저로 착각하는 것이다. 그래서 그 보통 사람들은 한껏 신이 나서 비즈니스를 어떻게 운영해야 하는지 떠들어 댄다. 자, 한번 묻고 싶다. 그 보통 사람들을 그렇게 놓아 둘 작정인가?

포커스 그룹은 화약고다

포커스 그룹은 때로는 폭발해서 회사를 완전히 잘못된 방향으로 날려 버리기도 한다. 여성들을 모아 놓고 화장품에 대해 물어보라. 마음속 이야기를 꺼내 놓으려 하지 않을 가능성이 크다. 그 대신 상대방이 듣고 싶어한다고 생각되는 이야기만 들려주려고 애쓸 것이다. 남자들을 모아 놓고 자동차에 대해서 물어보아도 마찬가지다.

또 사람들에게 회사의 전략이나 광고에 대해서 비평을 해 달라고 말해 보라. 아마 자신의 동기나 욕구, 그리고 이해 관계 등에 관해 부풀려서 이야기할 것이다.

포커스 그룹은 행동 양식을 측정하는 데는 대단히 잘못된 척도다. 어떤 음료수 회사가 어린이를 겨냥해 짜 먹는 음료수를 개발하고 있었다. 그 회사는 먼저 포커스 그룹을 통해 상품에 대한 반응을 살펴보기로 했다. 포커스 그룹 실험에 초빙된 아이들은 그 신상품을 얌전하게 컵에 짜 낸 다음 마셨다. 하지만 일단 집으로 돌아간 그 작은 악동들은 그 형형색색의 음료수를 짜서 마룻바닥이며 벽에다 색칠하고 싶은 욕구를 참아 낼 수가 없었다. 결국 부모들로부터 쏟아지는 항의를 견디다 못해 그 신상품은 시장에서 철수되고 말았다.

시험 시장에 현혹되지 말라

시험 시장에서는 이러지도 저러지도 못하는 난처한 상황이 자주 발생한다. 시험 시장은 원래 상품의 흥행 여부를 예견하기 위해 고안된 것이지만, 막상 실제 시장에서는 그 예상과는 전혀 다른 방향으로 전개될 수 있다.

캠벨 수프 컴퍼니Campbell Soup Company는 18개월의 연구를 거쳐 주스워크스Juiceworks라는 혼합 과일 주스를 개발했다. 그런데 그 상품이 실제 시장에 선을 보일 무렵, 하나도 아니고 셋이나 되는 경쟁 브랜드가 이미 매장 선반에 자리를 잡고 있었다. 캠벨은 그 상품을 서둘러 철수시켰다.

크리스털 펩시(투명 콜라)도 시험 시장에 선을 보였다. 그랬더니 그 상품은 갑자기 급속도로 팔려 나갔고, 각종 경제 신문에서는 그 상품을 성공 작품이라고 떠들어 댔다. 하지만 그 분위기는 오래 가지 못했다. 몇 달이 지나자 크리스털 펩시의 판매량은 곤두박질쳤다. 당시 마케터들은 '호기심 요인'을 간과했던 것이다. 사람들은 투명한 콜라에 대해 호기심을 느꼈지만, 얼마 지나지 않아 원래의 검은 콜라가 훨씬 맛이 좋다고 결론을 내렸던 것이다. 당연한 일이다.

사람들의 말을 전부는 믿지 말라

조사 연구자들은 사람들의 행동 양식을 밝혀 내겠다고 큰소리칠지 모른다. 하지만 행동 양식의 분석에 있어 그 예보자들의 의견이란 그리 믿을 만한 지표가 되지 못한다. 사람들은 말은 이렇게 하면서 행동은 저렇게 하는 경우가 많기 때문이다. 작가 마크 트웨인Mark Twain은 이런 현상을 아주 잘 풀어 냈다.

"인간이란 죽기 전까지, 아니 죽어서도 꽤 긴 시간이 흐르기 전까지는 정말로, 순수히, 완전하게 자기 자신이 되지 못하는 존재라고 나는 생각한다. 그러므로 인간은 죽는 것으로 삶을 시작해야 한다. 그래야만 인간은 조금이라도 더 빨리 정직해질 수 있다."

몇 년 전 듀폰DuPont은 슈퍼마켓에서 장을 보는 여성 5,000명의 발길을 잡고 무엇을 사려고 왔는지 물어보는 조사를 시도한 적이 있었다.

슈퍼마켓이었으니 망정이지 그런 연구를 한답시고 은행을 택했더라면 봉변이나 당하지 않았을까 싶다. 조사 연구자들이 인터뷰를 한 여성들을 매장 밖까지 졸졸 따라다니며 무엇을 샀는지 일일이 점검을 했기 때문이다. 상품을 기준으로 보았을 때, 그 여성들은 10명 중 3명만이 자기가 사겠다고 답했던 바로 그 브랜드를 샀고, 10명 중 7명이 다른 브랜드를 샀다.

제록스가 일반 용지 복사기를 출시하기에 앞서 실행했던 리서치도 적절한 예가 될 수 있다. 제록스는 그 리서치를 통해 종이 한 장을 복사하는 데 1.5센트면 되는 열 감지 용지를 두고 그 누구도 종이 한 장을 복사하는 데 5센트나 드는 일반 용지 복사를 반기지 않으리라는 결론을 얻었다.

다행히 제록스는 그 리서치 결과를 받아들이지 않았다. 그 뒷이야기는 누구나 다 알고 있으리라.

사람의 마음을 순간 포착하라

정말로 필요한 것은 사람의 마음속에 존재하는 인식의 순간 포착이다. 깊은 사고도 필요 없고, 제안도 필요 없다.

어떻게든 확보해야 하는 것은 자기 회사, 그리고 경쟁 회사에 대해 사람들이 인식하고 있는 강점과 약점이다. 특히 목표 소비자 집단의 마음속에 존재하는 그런 강점과 약점을 찾아내야만 한다.

이를 위해 내가 가장 추천하고 싶은 리서치 방법은 하나의 상품 카테고리를 둘러싸고 있는 기본적인 속성을 죽 나열하고, 사람들에게 각각의 속성마다 1부터 10까지 점수를 매겨 보라고 하는 것이다. 이럴 때는 경쟁자 대 경쟁자 비교 방식을 적용하면 된다. 이런 리서치의 궁극적인 목표는 해당 카테고리에서 누가 어떤 아이디어 혹은 컨셉트를 소유하고 있느냐에 대해 알아보기 위한 것이다.

치약이라는 상품을 예로 들어 보자. 치약을 둘러싸고 있는 기본 속성은 대략 여섯 가지다. 즉 충치 예방, 맛, 미백 효과, 구취 제거, 천연 재료, 앞선 테크놀로지 정도가 있을 수 있다. 크레스트Crest는 이 여섯 가지 속성 중에서 충치 예방, 에임Aim은 맛, 울트라브라이트UltraBrite는 미백 효과, 클로즈업Close-Up은 구취 제거를 기반으로 각각의 브랜드를 구축했다. 최근에는 톰즈 오브 메인Tom's of Maine이 천연 재료를, 또 멘타덴트Mentadent는 베이킹 소다와 과산화수소 테크놀로지를 취해 치약 부분의 주요 업체 반열에 올랐다.

모든 회사가 각각 하나의 속성을 가지고 있다.

이때 사람들의 마음속에 인식시키고자 하는 속성을 선점하는 것이 중요하다.

리서치는 사람들의 마음속으로 들어가는, 또 경쟁 회사에 대해서 사람들이 갖고 있는 인식에 닿는 길을 안내해 줄 수 있는 것이어야 한다. 이에 관해서는 제3장에서 논한 바 있다.

마음속에 단어 소유하기

《마케팅 불변의 법칙》에서, 나는 '초점의 법칙$^{\text{the law of focus}}$'에 대해서 언급한 바 있다. 잠재 고객의 마음속에 하나의 단어를 소유할 방법을 알아내는 회사는 대단한 성공을 거둘 수 있다. 이때 그 단어는 결코 복잡한 말이어서는 안 된다. 억지로 만든 말이어서도 안 된다. 사전만 펴면 바로 나오는 단순한 말이 최고다.

이것이 바로 초점의 법칙이다. 하나의 단어나 하나의 컨셉트로 회사의 초점을 좁히게 되면 사람들의 마음속으로 들어가는 좁은 길을 환하게 밝힐 수 있다. 그것은 최고의 마케팅 희생 개념이다.

페더럴 익스프레스는 잠재 고객들의 마음속에 '야간^{overnight}'이라는 단어를 각인시키는 데 성공했다. 스스로 다른 모든 상품 라인을 희생시키고 오로지 야간 소포 배달에만 초점을 맞춘 것이다.

가장 적절한 단어를 찾아내기 위해 꼭 언어학 박사까지 되어야 할 필요는 없다. 프레고^{Prego}는 하인즈의 아이디어를 빌려 와 스파게티 소스 시장에서 독주하던 라구^{Ragu}를 따라잡고 전체 시장 점유율 16퍼센트를 차지하는 쾌거를 올렸다. 프레고라는 단어 속에는 '진하다thicker'의 뜻이 담겨 있다.

가장 효과적인 단어는 단순하면서도 혜택 지향적이어야 한다. 상품 속성이 아무리 복잡하다 할지라도, 또 시장의 요구가 아무리 복잡하다 할지라도 두 개, 세 개, 네 개보다는 한 단어에 초점을 맞추는 편이 언제나 승률이 높다. 물론 파파 존스 피자의 '좋은 재료better ingredients'처럼 두 단어를 사용해서 성공한 예도 있긴 하다.

또한 여기서 우리는 후광 효과도 기대해 볼 수 있다. 일단 한 가지 혜택을 확실하게 구축해 놓으면 잠재 고객은 그 회사가 그 외에도 다른 많은 혜택을 가지고 있다고 생각할 가능성이 크다. '진한' 스파게티 소스는 자연히 좋은 품질, 영양가 높은 재료, 높은 가치 등을 연상시킨다. '안전한' 자동차는 훌륭한 디자인과 훌륭한 엔지니어링을 함축하고 있다. 정교한 프로그램의 결과이건 아니건, 어쨌든 가장 성공적인 회사(또는 브랜드)는 잠재 고객의 마음속에 하나의 단어를 확보한 자들의 몫이다. 여기 그 예가 있다.

크레스트	→	충치
메르세데스	→	엔지니어링
BMW	→	주행
볼보	→	안전
도미노	→	가정 배달

펩시 콜라　→　젊음
노드스트롬　→　서비스

사용할 수 있는 단어들은 그 종류가 다양하다. 혜택과 관련된 것(충치 예방), 서비스와 관련된 것(가정 배달), 고객과 관련된 것(젊은이들), 판매량과 관련된 것(인기 브랜드)일 수도 있다. 하지만 가장 중요한 사실은 절대적으로 단순해야 한다는 것이다.

복잡한 언어는 혼동을 준다

마크 트웨인이 한 젊은이에게 이런 조언을 담은 편지를 보낸 적이 있다.

"자네는 평이하고 단순한 언어, 짧은 단어, 그리고 간결한 문장을 구사하고 있네. 이는 영어를 구사하는 가장 좋은 작법이지. 현대적이고도 훌륭한 최고의 방법이라네. 계속 정진하기 바라네."

마크 트웨인의 이런 생각이야말로 오늘날의 비즈니스 세계에 절실히 필요한 가치관이다.

셰익스피어가 〈햄릿〉을 썼을 때, 그가 사용한 단어의 수는 2만 개였다. 링컨은 봉투 뒷면에 게티스버그 연설의 초안을 잡았다고 하는데, 그때 사용된 단어의 수가 무려 11만 4,000개나 되었다고 한다. 현대 웹스터 사전에는 약 60만 개 정도의 단어가

수록되어 있다. 그런데 인기 대중 소설가인 톰 클랜시^{Tom Clancy}는 1,000쪽 가량 되는 자신의 최신작에서 웹스터 사전에 수록된 거의 모든 단어를 구사하고 있는 듯 보인다.

언어는 날이 갈수록 복잡해져 가고 있다. 사람들은 신조어나 잘 쓰이지 않는 단어들의 의미를 파악하기 위해 골치를 앓고 있다. 만일 우리가 흔히 쓰는 속담들이 무겁고 또 화려한 기교를 부린 단어들로 쓰였다면 어땠을까? 단순하기 그지없는 아이디어를 대단히 복잡하게 표현한 예들이 여기 있다.

- 육체적 미^美는 오직 표피, 그 자체의 심오함일 뿐이다. (아름다움은 외모에 있는 것이 아니다.)
- 기력이 쇠진한 노견^{老犬}에게 획기적인 묘수를 전수하는 일은 그 효능을 기대할 수 없다. (늙은 개에게 새로운 기술을 가르칠 수 없다.)
- 탄소성을 지닌 물질로부터 생성되는 가시적 수증기는 화재가 임박했다는 전조다. (연기가 나면 불이 나게 마련이다.)
- 부단히 회전을 거듭하는 암석의 덩어리는 작은 녹색 선태류의 접착을 허용하지 않는다. (구르는 돌에는 이끼가 끼지 않는다.)

이제는 어느 정도 내 뜻을 이해했으리라고 본다. 훌륭한 글과 연설은 혼란스러워서는 안 된다. 명확하고 쉽게 이해되어야 하며, 간결할수록 더욱 좋다.

비즈니스에서 통용되는 거창한 언어

이미 세상에 떠돌아다니는 신조어로도 성이 안 차는지, 비즈니스인들은 자기들만의 고유한 언어를 만들어 내느라 정신이 없다. 여기에 한 미래학자이자 매니지먼트 전문가라는 사람이 한 말을 그대로 인용해 보겠다.

"매니저들은 '변화'에도 다양한 방식이 있다는 사실을 깨닫게 되었다. 그중 하나가 우리가 '패러다임 개선paradigm enhancement'이라고 부르는 것인데, 완벽한 품질과 지속적인 향상에 관한 메시지가 관련된다. 다른 하나는 급진적인 변화―또는 패러다임 전환―라고 하는 것인데, 이는 여느 변화와는 달리 매니저들이 반드시 대응을 해야 하는 변화의 종류다."

〈포춘〉지(1997년 2월 3일자 '자곤 워치Jargon Watch' 기사)는 메사추세츠 렉싱턴에 소재한 베터 커뮤니케이션Better Communication이라는 회사에 대해 보도한 적이 있다. 이 회사는 고용주들을 상대로 작문법을 가르치고 있는데, 〈포춘〉지 선정 500대 기업들 사이에서 통용되고 있는 '지옥으로부터 온 메모memos from hell'라는 매니지먼트 전용 상용구들을 모아서 소개하고 있다.

- 탑 리더십은 이 비전을 헬리콥터하고 있다. (중역들은 다음 주 이후를 내다보고 있는 중이다.)
- 산술적으로 보았을 때, 추가되는 가치는 이윤 곡선의 가속화를 위한 초석이다. (고객들이 원하는 것보다 더 많은 것

을 제공해 줌으로써 판매와 수익을 늘리자.)
- 우리는 이 매니지먼트 이니셔티브를 계수화할 필요가 있다. (모든 계획을 세워 보자.)
- 우리는 교차 기능 전문가들 사이의 협연을 활용했다. (다른 부서 사람들과 서로 이야기를 나누었다.)
- 인센티브 프로그램으로 직원들을 자극하지 말라. (괜히 직원들의 월급을 들먹이지 말라.)
- 당분간 당신의 일은 '유보된' 상태로 위임되어 있다. (당신은 아직까지는 해고되지 않았다.)

도대체 '핵심 역량(우리가 잘하는 것)'이나 '권한 부여(위임)', '패러다임(우리가 어떻게 일을 해야 하는가?)' 같은 개념에 대해 이야기할 때조차 비즈니스인들은 왜 이렇게 수수께끼 같은 표현을 쓰고 있는 것일까? 《회의실 유행 서핑하기Fad Surfing in the Boardroom》라는 책에서는 이런 현상이 더 심각해, 작가인 엘린 샤피로Eileen Shapiro는 비즈니스 신조어에 대한 사전을 따로 출간할 정도였다. 그리고 〈월 스트리트 저널〉 1998년 6월 8일자는 '버즈워드 빙고buzzword bingo'라는 신종 단어 게임에 대해서 다루기도 했다. 버즈워드 빙고란 직원들이 회의를 하는 도중 상사들이 뱉어 내는 특수 용어나 은어들을 집어내어 점수를 매기는 게임을 말한다.

비즈니스인들이 이런 거창한 단어들을 사용하는 이유는 다른 사람에게 가능한 한 똑똑하고, 단순하지 않고, 중요한 인물로 비춰지고 싶기 때문이라고 여겨진다. 하지만 정작 현실에서는 이해하기 어려운 사람으로 여겨질 뿐이다. 그렇다면 이런 복잡함을 풀어 나가기 위해 매니저가 할 일은 무엇일까? 여기에 그 도움의 손길이 있다.

루돌프 플레시Rudolf Flesch 박사는 작문을 할 때 거창함과 애매모호함을 피하는 방법으로 일인칭 어법을 사용할 것을 주장하고 있다. (그의 저서 《평범한 말투의 미학The Art of Plain Talk》에 자세히 다루어져 있다.) 그는 비즈니스인들이 자기가 말하는 방식 그대로 글을 쓰면 훨씬 잘 쓸 수 있다고 처음으로 제안한 사람 중의 하나다.

어떤 편지에 대한 답장을 쓸 때 플레시 박사의 방식을 적용한다면 이런 식이 될 수 있다.

'당신의 제안에 대해 감사하게 생각합니다. 당신의 그 제안에 대해 생각해 보고 나서 가능한 한 빨리 답변을 드리도록 하겠습니다.'

다음은 이와 반대되는 접근 방식을 취한 답장이다.

'당신의 제안은 오늘 날짜로 접수되었습니다. 적당한 시간을 갖고 신중히 숙고한 후에 우리가 도달한 결과에 대해 조속히 귀하께 전달해 드리도록 하겠습니다.'

마케터는 비단 글에서만이 아니라 말을 할 때도 단순하고 직접적인 언어를 구사해야 하며, 비즈니스 세계에서 상용되는 수수께끼 같은 용어들은 삼가야 한다.

단순해야 들어 준다

그리고 보다 중요한 사실은 이쪽에서 하는 말을 잘 듣게 만들기 위해서도 단순함을 적극 장려해야 한다는 점이다. 오늘날 지칠 줄 모르고 귓가를 어지럽히는 말의 홍수 속에서 듣는 기술이 고초를 겪고 있다. 많은 연구 결과에서 현대인들은 지난 며칠 사이 자기가 들었던 말 중에서 고작 20퍼센트밖에 기억하지 못하는 것으로 나타나고 있다.

1997년 7월 10일자 〈월 스트리트 저널〉을 보면, 현대인은 남의 말을 전혀 들으려 하지 않는 '따발총 입'을 가진 족속이 되어 버렸다는 요지의 기사를 읽을 수 있다. 우리는 그저 자기가 말할 기회만 호시탐탐 노리고 있다는 것이다.

그뿐만이 아니다. 〈월 스트리트 저널〉은 이 외에도 인간 생물학 역시도 신중하게 남의 말을 듣기보다는 그에 역행하는 방향으로 기능하고 있다고 보도하고 있다.

보통 사람들은 말을 할 때, 1분에 120에서 150개 정도의 단어들을 사용한다. 하지만 인간의 뇌는 1분에 500단어를 쉽게 소화할 수 있기 때문에 정신적으로 산만해질 시간이 충분히 확보된다고 한다. 그러니 말하는 사람이 조금이라도 복잡하고 혼란스러운 경우에는 많은 문제가 생긴다. 상대방이 건성으로 듣는 척하지 않고 경청하도록 만들려면 엄청난 노력이 요구된다는 말이다.

그렇다면 단순하지도 않고 요점도 없는 회의나 프레젠테이션은 시간과 돈의 낭비일 뿐이다. 사람들의 주의가 분산되고 커뮤니케이션이 제대로 이루어지지 못한다. 그렇게 되면 손실은 이루 말할 수 없이 커진다.

실제 있었던 이야기

몇 년 전, 나는 수백만 달러가 걸려 있는 로고 디자인 프로젝트를 위해 한 디자인 회사가 주최한 프레젠테이션 자리에 동료 한 사람과 참석한 적이 있었다. 아니나 다를까, 프레젠테이션 발표자는 양식modality이니 패러다임paradigm이니 하는 용어를 써 가며 색상을 추천할 때도 애매모호한 표현으로 일관했다. 한마디로 명확하지 못하고 복잡한 컨셉트가 난무하는 프레젠테이션이었다.

나는 곁에 있는 동료에게 "저 사람이 한 말이 무슨 뜻인지 모르겠다"고 털어놓으면서 "당신의 생각은 어떤가" 하고 물었다. 그러자 동료는 갑자기 웃음을 터뜨리며 몹시 안심이 된다는 듯한 표정을 지어 보였다. 그리고는 자신도 발표자의 말을 이해할 수 없었다고 했다. 그러나 자신이 이해하지 못한 것을 인정했다가는 멍청한 사람으로 보일까 걱정이 되어서 가만히 있었다는 것이다.

그 회의에 참석하고 있던 사람 중에서 프레젠테이션 발표자에게 시안에 대해 간단하고 쉬운 용어로 다시 설명해 달라고 말을 할 용기를 가진 사람이 단 한 명도 없었다. 그 회사는 그런 이유 때문에 로고를 완전히 다시 바꾸느라 수백만 달러를 날려야 했다. 만일 회의 참석자들이 그런 용기를 가졌더라면, 그 발표자와 로고는 비웃음을 당한 뒤 등을 떠밀려 회의실에서 쫓겨 났으면 그만이었을 것이다.

이 이야기를 통해 우리가 배울 수 있는 교훈은 혼란스러운 단어나 복잡한 컨셉트가 묵인되도록 그냥 내버려두어서는 안 된다는 것이다. 그런 일이 일어난다면 많은 추가 경비를 들여야 하는 실수가 저질러질 가능성이 크다. 프레젠테이션 발표자가 복잡한 용어를 사용하면 쉬운 말로 풀어 달라고 요청해야 한다. "무슨 말인지 모르겠다"라고 말하는 것을 두려워해서는 안 된다. 지적 오만을 결코 용인해 주어서는 안 된다는 말이다.

자기가 받은 첫인상에 의구심을 갖지 말자. 첫인상은 대부분의 경우 아주 정확하게 들어맞는다. 멍청하게 보일지도 모른다는 두려움 때문에 망설이는 일이 있어서는 안 되겠다. 가장 순수한 상태에서 하는 질문이 가장 심오한 힘을 발휘할 수 있다는 사실을 잊지 말자.

단순한 전략에 관한 마지막 충고는 피터 드러커의 《자기 경영 노트 The Effective Executive》에서 얻어 보기로 하자.

지난 40년 동안 나타난 가장 바람직하지 못한 경향 중 하나가, 자기 말이 다 이해되면 교양이 없어 보일지도 모른다는 믿음의 확산이다. 내가 자랄 때만 해도 경제학자, 물리학자, 심리학자와 같은 교육 및 학계의 리더들은 다른 사람에게 자기 자신을 이해시키는 일이 당연하다고 생각했다. 아인슈타인은 상대성 이론을 일반인들이 쉽게 이해할 수 있도록 하기 위해 3명의 동료들과 몇 년을 들여 연구를 했다. 존 메이나드 케인스John Maynard Keynes도 자신의 경제학 이론을 세상이 쉽게 접근할 수 있도록 만들기 위해 각고의 노력을 기울였다.

그런데 바로 며칠 전에 나는 한 노 교수가 젊은 후학의 연구 논문을 퇴짜 놓았다는 이야기를 들었다. 이유인즉, 그 논문의 내용을 다섯 사람 이상이 이해할 수 있었기 때문이었다고 한다.

> **KeyPoint** '큰' 전략 아이디어는 대부분의 경우 '단순한' 단어들로 만들어진다.

CHAPTER **7**
전략은 리더십이다

CEO의 역할은 회사를 책임지고 이끌어 가는 것이 되어야 한다. 이는 내가 쓴 책들의 마지막 장에서 언제나 강조하는 주제다.

전략strategy, 비전vision, 그리고 기업 사명은 자신이 어디로 가고 있는지 알고 있어야 한다는 단순한 사실을 전제로 하고 있다. 자기가 가고 있는 방향을 제대로 알지 못하는 CEO라면 아무도 그 뒤를 따를 수 없다.

몇 년 전 《피터의 원리The Peter Principle》라는 책을 통해 저자인 로렌스 피터Laurence Peter와 레이몬드 헐Raymond Hull은 다음과 같은 연구 결과를 발표했다.

오늘날 대부분의 계급 조직은 규율과 전통, 공법이라는 틀에 지나치게 얽매여 있다. 그래서 고위급 간부들은 방향을 결정하고 속도를 정하는 문제에 있어 딱히 누군가를 어디로 이끌어 갈 필요가 없다. 선례대로 좇아가고 규율을 준수하며, 그저 무리의 선두에서 움직이고 있을 뿐이다. 이런 리더들은 뱃머리에 새겨 놓은 나무 조각상이 배를 끌어간다는 느낌으로 사람들을 이끌고 있다.

리더십 기술에 대한 이런 비관적인 견해 때문에 오늘날 리더십에 대해 수많은 책들이 봇물 터지듯 쏟아져 나오고 있는지도 모른다. 그중 태반이 별 도움 안 되지만 말이다. 누구를 거울로 삼아야 하는가(훈족 왕 아틸라), 무엇을 성취해야 하는가(내면의 평화), 무엇을 연구해야 하는가(실패), 무엇을 얻기 위해 노력해야 하는가(카리스마), 위임을 해야 하는가(가끔은), 협력을 해야 하는가(아마도), 미국의 숨겨진 리더들(여성), 리더십의 개인적 자질(도덕성), 신용을 얻는 방법(믿을 만한 인간 되기), 완벽한 리더가 되는 방법(마음속 리더 발견하기), 리더십의 아홉 가지 순수 법칙(묻지 말아 달라) 등등등. 제목에 '리더'라는 단어가 들어가는 책이 3,098권이나 나와 있는 상태다.

하지만 나는 훌륭한 리더가 되는 방법이 책 한 권을 통째로 할애할 만한 가치가 있는 주제라고는 생각하지 않는다. 피터 드러커 박사도 리더십에 대해서 그저 몇 문장 정도로 다루고 있을 뿐이다.

"훌륭한 리더십의 기본은 조직의 사명을 바탕으로 사고하며, 그것을 명확하고 가시적으로 규정하면서 수립하는 것이다. 리더는 목표를 세우고 우선 순위를 정하며, 기준을 정한 뒤 유지해 가야 한다."

최전방으로 나가라

그렇다면 과연 옳은 방향을 어떻게 찾아낼 것인가? 훌륭한 전략가가 되려면 실제 시장의 진흙탕 속에 자기의 마음을 이입시켜야만 한다. 잠재 고객들의 마음속에서 벌어지고 있는 치열한 마케팅 대전투, 그 최전방에서 성함과 쇠함을 온몸으로 부딪치며 영감을 얻어야 한다.

샘 월튼 Sam Walton(월마트의 창립자이며 탁월한 경영 수완을 발휘해 세계적으로 존경받는 전문 경영인으로 1992년 사망했음)은 평생을 통해 월마트 Wal-Mart의 모든 매장의 최전방에서 진두지휘를 했다. 심지어는 한밤중에 하역장에서 직원들과 이야기를 나누며 시간을 보내기도 했다.

하지만 이 '미스터 샘'과는 달리 많은 회사의 최고 중역들이 최전방과 접촉을 하지 않고 있다. 회사의 덩치가 크면 클수록 최고 중역이 최전방과 접촉할 기회는 줄어든다. 그러나 바로 이런 사실이 회사의 성장을 저해하는 가장 큰 요인으로 작용할 수도 있다.

그 외 다른 요인들은 규모에 긍정적으로 작용한다. 마케팅은 전쟁이라고 했다. 전쟁의 첫 번째 법칙은 병력의 원칙이다. 그래서 더 큰 군대, 더 큰 회사가 유리한 이점을 확보하기 쉽다. 하지만 아무리 큰 회사라 하더라도 잠재 고객들의 마음속에 일어나고 있는 마케팅 전쟁에 초점을 맞춘 상태에서 그 이점을 유지해 가지 못한다면 그 또한 무용지물일 뿐이다.

GM에서 한때 로저 스미스Roger Smith와 로스 페롯Ross Perot 사이에서 벌어졌던 격돌이 그 좋은 예가 될 수 있다. GM의 이사로 있던 당시, 로스 페롯은 주말 내내 자동차 구입에 온전히 시간을 투자했다. 그러면서 그는 로저 스미스가 자기 같지 않다고 비난의 시선을 보내면서 이렇게 말했다.

"우리는 GM의 시스템에 핵 공격을 가해야 한다."

그는 난방이 완비된 차고, 운전 기사가 딸린 리무진, 중역 전용 식당에 핵공격을 감행하여 전면적으로 없애야 한다고 주장했다. 운전 기사가 딸린 리무진을 타고 다니는 매니저들이 어떻게 자동차를 팔려고 노력하겠는가 말이다.

최고 경영진과 실제 시장이 차단되어 있다는 사실이야말로 대기업들이 직면해 있는 가장 큰 문제다.

눈코 뜰 새 없이 바쁜 CEO라면 현실에서 실제로 일어나고 있는 상황에 대한 객관적인 정보를 어떻게 모아야 한단 말인가? CEO가 듣고 싶은 말만 들려주려고 애쓰는 중간 매니저들의 고질적인 관행을 어떻게 피해 갈 수 있단 말인가? 좋은 뉴스 외에 나쁜 뉴스까지 어떻게 손에 넣어야 하는가?

CEO가 나쁜 뉴스를 직접적 경로를 통해 확보하지 못하면, 나쁜 아이디어는 소멸되지 않고 점점 그 세력을 더 하게 된다. 다음의 비유를 잘 생각해 보기로 하자.

계 획
태초에 계획이 있었노라.
그리고 그 다음에 가정假定이 생겼노라.
그리고 그 가정은 형식 없이 존재했노라.
그리고 그 계획은 본질 없이 존재했노라.

직 원
그리고 직원들의 얼굴 위에 어둠이 생겼노라.
그들이 과장에게 달려가 아뢰기를,
"그것은 아무짝에도 쓸모없는 쓰레기 더미오니."

과 장
그리고 과장이 부장에게 달려가 아뢰기를,
"그것은 악취가 진동하는 똥 더미오니, 그 냄새 때문에 아무도 따르려 하지 않을 것이온데."

부 장
그리고 부장이 매니저에게 달려가 아뢰기를,
"그것은 오물 덩어리오니, 냄새가 너무 고약해 아무도 따르려 하지 않을 것이온데."

매니저
그리고 매니저가 이사에게 달려가 아뢰기를,
"그것은 비료 더미오니, 너무 독해서 아무도 따르려 하지 않을 것이온데."

이사
그리고 이사가 부사장에게 달려가 아뢰기를,
"그것은 성장 촉진제이며, 대단히 강력하오니."

부사장
그리고 부사장은 사장에게 달려가 아뢰기를,
"이 강력한 새 계획은 회사의 성장과 효율성을 활발히 진작시켜 줄 것이오니."

회사 정책
그리고 사장이 그 계획을 대함에 보시기가 아주 좋더라.
그리하여 그 계획은 정책이 되었나니.

필요한 것은 정직한 의견이다

실제 일어나고 있는 상황을 제대로 파악하기 위해서는 '변장하고 잠입하기', 또는 직원들에게 알리지 않고 현장을 돌아보는 방법 등을 생각해 볼 수 있다. 이는 판매 대리점이나 소매업을 하는 경우에 특히 효과적인 방법이다. 쉽게 말하자면 왕이 평민처럼 옷을 입고 백성들과 함께 어울리는 모습을 연상하면 된다. 이런 모든 노력은 실제로 일어나고 있는 일에 대한 솔직한 의견을 얻기 위해서다.

왕과 마찬가지로 최고 중역들 또한 측근의 참모들로부터 정직한 의견을 얻기가 쉽지 않다. 원래 왕궁이란 수많은 음모가 난무하는 곳이 아니던가?

현장 영업 직원을 한 사람이라도 확보한다면 방정식을 푸는 데 대단히 중요한 실마리를 얻어 낼 수 있다. 다만 문제는 어떻게 그 직원으로부터 경쟁사에 대한 긍정적이고, 정직한 평가를 얻어 내느냐 하는 점이다. 이때 가장 좋은 방법이 정직한 정보에 대해 상을 주는 것이다. 일단 CEO가 정직함과 솔직함을 치하한다는 소문이 퍼지면 수많은 양질의 정보가 줄을 잇게 된다.

필요한 것은 인정할 만한 리더다

훌륭한 리더는 방향을 정한 것만으로 임무를 완수했다고 생각하지 않는다. 훌륭한 리더는 입담꾼이며, 치어리더며, 촉매자다. 최고의 리더들은 말과 행동으로 방향과 비전에 대한 감각을 강화할 줄 안다.

항공 업계에서는 사우스웨스트 에어라인의 전 CEO인 허브 켈러허를 빼놓고 훌륭한 리더를 논할 수는 없다. 그는 저렴한 항공료와 단거리 항공 비즈니스의 왕으로 등극했다. 해가 거듭

될수록 그가 이끄는 항공사는 모든 평가 항목마다 '가장 놀라운', '가장 수익성이 좋은' 회사로 표현되어 왔다.

사우스웨스트 비행기를 타 본 사람이라면, 그 항공사 직원들에게서 더 없는 활력과 열정을 느낄 수 있었을 것이다. 승객이 '비행기 여행이 마치 마차 타고 가듯 즐거웠다'라고 표현할 정도로 사우스웨스트 에어라인의 직원들은 뛰어난 유머 감각까지 지니고 있다.

허브 켈러허 회장을 아는 사람들은 그 항공사의 인격이 바로 그의 인격이라고 말을 한다. 그는 자기 항공사 비행기들이 계속해서 고도를, 그리고 사기를 높여 갈 수 있도록 힘을 실어 주는 놀라운 치어리더다. 그는 말 그대로 직원들을 '뒤에서 응원하는' 치어리더였다.

그리고 허브 켈러허 회장은 자기가 함께하고 있는 직원들과 자기가 몸담은 비즈니스에 대해 아주 잘 알고 있는 사람이기도 하다. 그와 회의를 하는 자리에서 나는 매물로 나온 이스트 코스트East Coast 노선 중 하나를 매입해 보라고 독려한 적이 있다. 그렇게만 된다면 사우스웨스트 에어라인이 미 동부 지역에서 주요 항공사가 되는 것은 시간 문제라고 생각했기 때문이다. 그러자 허브 켈러허 회장은 잠시 생각하더니 이렇게 말했다.

"물론 저도 뉴욕, 워싱턴, 보스턴의 출입문이 되고 싶습니다. 하지만 저는 그곳의 비행기들, 무엇보다 이스트 코스트의 사람들을 원하지 않습니다."

그의 생각은 옳았다. 이스트 코스트 직원들을 뒤에서 응원하기는 불가능한 일이었을 것이다.

허브 켈러허 회장을 통해 우리는 최고의 리더가 지녀야 할 또 다른 덕목을 발견할 수 있다. 최고의 리더는 비즈니스에다 숨결을 불어넣어 그 비즈니스를 인격화해 나갈 줄 알아야 한다는 것이다.

체이스 맨해튼 뱅크Chase Manhattan Bank의 전성기 시절, 데이비드 록펠러David Rockefeller 회장이 다른 주의 대표들을 방문한다는 사실만으로도 뉴스 거리가 되곤 했다. 사실 록펠러 회장이 주의 대표인 셈이었다. 리 아이아코카Lee Iacocca도 한창 때에 크라이슬러에다 자신의 인격을 불어넣었다. 오늘날 빌 게이츠는 마이크로소프트를 인격화하고 있다. 그는 겉으로 보기에도 컴퓨터광 같다. 그가 하는 말들은 곧 컴퓨터광의 말 자체이다. 그는 지금 기계광이라는 이름에 걸맞게 온갖 첨단 설비를 갖춘 집에서 살고 있다.

이런 가시적인 리더는 고객과 잠재 고객을 사로잡는 데 대단히 막강한 힘을 지닌 무기가 된다. 또 이런 리더는 한 회사를 대표해 아주 독특한 신용을 창출해 낸다. 독일인들은 조지 패턴에게 대단한 존경심을 갖고 있었다. 오죽했으면 연합군이 그를 미끼로 이용할 정도였을까.

그리고 전쟁에 임한 병사들은 이런 리더를 따른다는 사실에 자긍심을 느낀다. 본능적으로 이런 리더를 신뢰한다. 신뢰를 얻어 내지 못하면 따를 자가 아무도 없다. 따르는 자가 없는데 어찌 책임자로서의 임무를 제대로 수행할 수 있겠는가?

숫자가 중요한 것이 아니다

숫자에만 의지해 살다가는 그 숫자 때문에 죽을 수도 있다. 예상한 목표 숫자를 달성하기 위해 군대를 밀어붙이기만 하면 자기 할 바를 다하는 것으로 생각하는 CEO들은 자신의 일뿐 아니라 그 조직 전체의 안녕까지 위험에 빠뜨릴 수도 있다.

이와 관련된 구체적인 사례 중에 리처드 맥긴Richard McGinn의 가슴 아픈 사례만한 것도 없지 않나 싶다. 리처드 맥긴은 루슨트 테크놀로지Lucent Technologies의 CEO였다. 놀라운 속도로 판매 신장을 기록하며, 그는 한낱 AT&T의 부품 제조 계열사에 지나지 않던 회사를 당당히 월 스트리트 스타로 바꾸어 놓았다.

하지만 영원한 것은 없다고 했던가? 2000년, 루슨트는 전년도에 비해 두 배나 판매율이 하락하고 말았다. 즉시 회사의 영업 담당 '군대'에게 모든 압력이 가해졌다. 그 당시 많은 비즈니스 관련 매체를 보면, 리처드 맥긴이 하는 모든 말은 "어떤 수를 써서라도 거래를 성사시킬 것"에 초점이 맞추어져 있다. 루슨트는 이후의 판매 구도에 지장을 줄 수 있는 가격 할인이라든지 1회 외상 구입 같은 다양한 인센티브를 고객들에게 약속하고 나섰다.

그러나 회사는 또다시 '숫자' 전투에서 크게 패했고, 리처드 맥긴은 완전히 무릎을 꿇고 말았다. 주가는 곤두박질치고, 루슨트의 미래는 암흑 속에 갇히고 말았다. 앞에서 언급했듯이 지나치게 숫자에만 초점을 맞추다 보면 이렇게 죽음을 초래할 수도 있다. 제대로 된 전략을 확보한다면 숫자는 자연히 따라오게 되어 있다.

인식이 중요하다

이 책을 통해 얻을 수 있는 교훈을 하나만 꼽으라면, 나는 이것을 들고 싶다.

성공적인 전략이든 잘못된 전략이든 모두 실제 시장에서의 인식과 관련된 문제와 기회에 직접적으로 연관된다는 것이다. 그리고 그것은 승리와 패배가 결정되는 전쟁터가 다름 아닌 고객의 마음속에 있다는 사실을 이해하느냐의 여부와도 직결된다.

CEO는 실제 시장을 대할 때, 어떻게 해야 회사가 더 좋은 상품을 만들 수 있는지, 어떻게 해야 더 좋은 유통 시스템을 구축할 수 있는지, 어떻게 해야 더 좋은 판매력을 갖출 수 있는지 등에 대해 중역들이 제안하는 그럴듯한 프레젠테이션에 동요되어서는 안 된다. 오로지 잠재 고객의 마음에만 계속 초점을 맞추고 있어야만 한다.

사람의 마음을 바꾸는 일은 불가능하지는 않아도 무척 힘이 든다. 그러니 혹시라도 중역진이 고객의 마음을 바꿀 수 있다고 큰소리치더라도 섣불리 그 말을 신뢰하지 말라. 고객이나 잠재 고객의 마음 상태를 잘 이해하면 할수록 어려움에 휘말릴 가능성은 줄어든다.

나는 GM의 전 회장들 중 한 사람에게 제너럴 모터스라는 브랜드가 갖고 있는 기존 이미지를 해체하고 자동차 모델을 다각화할 생각을 해 본 일은 없느냐고 물은 적이 있었다. 참고로 그는 마케팅에 관한 배경 지식과 직접적인 상관이 없는 재정 담당 출신이었다.

질문을 받은 그 사람은 잠시 깊은 생각에 빠지는 듯하더니 이렇게 답했다.

"그렇습니다. 하지만 어쩐지 혼란을 일으킬 것 같다는 생각이 들어서요."

그의 우려는 옳았다. 하지만 그는 자신의 본능대로 행동하는 데는 실패했다. 그는 중역들이 어련히 알아서 잘해 줄까 하고 안이하게 생각했던 것이다. 그의 이런 생각은 잘못된 것으로 드러났고, GM이 이런 실수를 피부로 느끼는 데는 몇 년이라는 세월이 걸렸다.

오늘날 치열한 경쟁 덕분에 이런 실수를 깨닫는 데는 몇 년이 아니라 몇 달이면 충분하다. 바로 이 때문에 마케팅은 부하 직원에게 맡겨 놓고 안심하고 있어서는 안 될 만큼 중요하다는 것이다. 살아남기 위해 CEO는 회사가 실제 시장에서 취한 행동에 대해 최종 책임을 져야 한다. 그렇지 않으면 CEO로서의 목숨 자체가 위험해진다.

나는 이 같은 사실을 한 대기업의 사업 총괄 책임자에게 말한 적이 있었다. 그때 그 책임자는 자기가 모든 일에 직접 관여하는 것의 중요성을 인정하면서도, 또 한편으로는 중간 관리자들의 책임 의식이 결여될지도 모른다고 우려를 표명했다. 자, 문제를 저만치 치워 버리고 싶은가? 그렇다면 이런 걱정일랑 접어야 한다.

장기적으로 생각해야 한다

경쟁자들에게 초점을 맞추고, 잠재 고객의 마음속에 존재하고 있는 그 경쟁자들의 강점이 무엇인지, 약점이 무엇인지 파악했다고 가정해 보자. 당신은 그 마음속 전쟁터에서 효력을 발휘할 하나의 속성이나 차별화된 아이디어도 찾아냈다.

당신은 그 아이디어를 활용할 하나의 일관된 전략 개발에도 총력을 기울여 왔다. 뿐만 아니라 그 기회를 외부에서 적극 활용하기 위해 조직 내부를 개편할 용의도 있다. 말하자면 '집행execution'의 시간이 된 것이다.

그러면 이제는 그 전략이 개진될 수 있도록 시간적 여유를 가질 차례다. 마케팅 활동은 전개되는 데 시간이 걸린다. 그러니 한번 정한 방향을 초지일관 고수하며 기다려야 한다. 주주들, 이사회, 직원들로부터 압력이 가해진다 하더라도 말이다.

이와 관련해서 PC용 스프레드시트를 발명한 로터스Lotus Development Corporation보다 더 좋은 예는 없을 것 같다.

로터스는 마이크로소프트가 자체 개발한 스프레드시트, 즉 윈도용 엑셀의 공격에 기가 눌려 있던 상태였다. 마이크로소프트는 이미 윈도를 개발해 놓은 상태였지만 로터스는 자사 스프레드시트를 윈도 버전에 맞게 새로운 버전으로 내놓는 데 상대적으로 늦었기 때문에 심각한 난관에 봉착했던 것이다. 그러자 CEO였던 짐 만지Jim Manzi는 전쟁터를 바꾸기로 마음먹었다. 그에게 로터스의 미래는 '그룹웨어groupware', 말하자면 개인 컴퓨터용 소프트웨어에 반대되는 개념으로 단체나 네트워크 컴퓨터용 소프트웨어가 되어야 했다. 당시 로터스는 그룹웨어 프로그램의 최초의 성공작이 된 '노트Notes'라는 상품의 초기 개발 단계에 있었기 때문이다. 따라서 짐 만지 회장이 '노트'와 그룹웨어 비즈니스를 구축하고 지원하는 일련의 과정에 착수할 당시, 이 개념이 그 모든 초점의 중심이 되었다.

끈기를 갖고 매달려야 한다

로터스가 지금의 자리에 오르기까지는 대단한 노력이 필요했다. 초점을 바꾸기로 한 용단에 대해 질문을 하자, 짐 만지 회장은 그때를 '잔인한 과정'이라는 표현을 써서 회고했다. 다음은 짐 만지 회장이 내게 직접 들려준 이야기다.

"스프레드시트는 우리 로터스의 중심에 있는 사업이었습니다. 한때는 그것이 우리 전체 비즈니스의 70퍼센트를 차지하고 있었으니까요. 컴퓨터에 비유해서 말하자면 우리의 본체에 해당하는 비즈니스였던 셈입니다. 하지만 마이크로소프트와 윈도 때문에 우리의 미래에는 커다란 구멍이 뚫리고 말았습니다.

1990년대 초반, 나는 '노트'야말로 우리가 기대할 수 있는 가장 훌륭한 미래라는 사실을 깨닫게 되었습니다. 그러나 안타깝게도 회사 안의 모든 사람들이 나와 같은 생각을 한 것은 아니었습니다. 많은 사람들이 기존의 스프레드시트를 계속 개발하기를 원했던 것이지요. 회사가 어려운 시기에 12명이나 되는 부사장들이 회사를 떠났습니다. 그 사람들은 내가 보는 방식으로 회사의 미래를 보지 않았던 겁니다.

'노트'에 대한 투자가 계속되면서 이사회에서 모르고 넘어갈 리 만무했지요. 그 사람들을 '노트'라는 선두 차 위에 어떻게든 올라 있게 만들기 위해서 나는 같은 이야기를 수없이 반복하고, 긍정적인 전망을 견지하면서 회사 안팎의 관계 구축에 힘써야 했습니다.

이사회에서 미래에 대한 비전을 인정하지 않는다면 문제는 심각해질 수밖에 없습니다. 다행히 판매율과 관련된 수치들이 호조를 보이기 시작했습니다. 어느덧 '노트'에 들어가는 투자액이 5억 달러에 육박하고 있었지만 사람들은 안심하는 빛을 보이기 시작하더군요."

짐 만지 회장은 자신이 어디로 가고 있는지 확실히 알고 있던 사람이었다. 이 이야기의 결말은 해피엔딩이다. IBM이 이 회사를 35억 달러에 매입했고, 그 이후로 IBM은 로터스를 기업 단위 고객을 상대하는 자사 소프트웨어 연구 개발의 기반 회사로 만들었다. 로터스는 큰 어려움에 맞닥뜨렸었다. 하지만 대담하고 끈질긴 노력이 자칫 회생 불가능했을지도 모르는 문제로부터 회사를 구해 냈다.

짐 만지 회장의 경험은 전략이 곧 리더십이라는 공식의 산 증거인 셈이다.

리더는 훌륭한 장군이다

전쟁에 임해야 한다면 우선 훌륭한 장군의 자질을 갖추는 일이 무엇보다 중요하다.

- **유연해야 한다** : 전략에 상황을 맞추는 것이 아니라 상황에 전략을 맞추어 가려면 유연해야 한다. 훌륭한 장군은 나름대로의 확고한 주관을 가지고 있다. 그렇다 하더라도 훌륭한 장군은 결정을 내리기 전에 가능한 모든 대안과 견해들을 진지하게 고려할 줄 안다.
- **정신적인 용기를 갖추고 있어야 한다** : 분명 어떤 시점에 다다르면 열어 두었던 마음을 닫고 결정을 내려야만 하는 때가 온다. 훌륭한 장군은 이런 때 자기 내면 깊은 곳에 들어가 강한 의지, 그리고 승리를 다지는 불굴의 용기를 찾아낼 줄 안다.
- **대담해야 한다** : 때가 되었다고 생각되면 신속하고 단호하게 결행해야 한다. 이 대담함은 상황이 유리하게 작용

할 때 특히 그 진가가 발휘되는 자질이다. '바로 그때'
라고 생각되는 순간, 칼을 휘둘러라. 한편, 상황이 지극
히 불리한데도 불구하고 지나치게 용기를 과시하는 사
람들을 경계해야 한다.
- 모든 사실을 알고 있어야 한다 : 훌륭한 장군은 세부적
인 사실을 기초로 해서 밑바닥부터 철저하게 전략을 세
운다. 일단 실행에 옮겨지고 나면, 그런 전략은 단순하
면서도 막강한 힘을 발휘한다.
- 운을 몰고 다녀야 한다 : '운'이란 잘만 활용된다면 어떤
성공에서든 한몫을 단단히 한다. 만일 운이 소진되었다
고 판단되면, 그 즉시 손해를 줄일 방법을 모색해야 한
다. 클라우제비츠는 이렇게 말했다.

"항복이라고 해서 모두 불명예스러운 일은 아니다. 훌
륭한 체스 선수는 패배가 확실한 게임을 붙잡고 있지 않
듯이, 장군 역시 마지막 한 사람까지 싸워야 한다는 생각
을 할 필요는 없다."

이 모든 것을 이루기를 바라는 마음 간절하다.
마지막으로, 값비싼 고급 양복을 입고 멋진 자동차를 몰며 회
사 비행기를 타고 다니지만, 리더라는 사람도 평범한 인간에 불
과하다는 사실도 잊지 말자는 말을 하고 싶다. 인간이기에 권력
과 돈, 이기심의 유혹에 흔들릴 수 있다. 또 인간이기에 월 스트
리트가 성장이니 특권이니 명예니 하는 달콤한 말로 리더들을

유혹해서 시장에서, 또 회사 내부에서 일어나고 있는 실제 상황에 접근하지 못하도록 유도하기도 한다.

완벽한 사례

내게 귀감이 될 만한 리더를 한 사람 꼽으라고 한다면, 나는 주저 없이 코스트코Costco의 제임스 시네갈James D. Sinegal 회장을 추천하고 싶다. 시네갈 회장이 이끄는 코스트코는 월마트가 유일하게 두려워하는 회사로 자리매김했다. 이제껏 그 누구도 코스트코보다 더 훌륭하게 창고형 할인 매장을 운영해 낸 전례가 없다.

구체적인 수치로 두 회사를 비교해 보자. 월마트의 자매 회사인 샘즈 클럽Sam's Club은 매장 수에 있어 코스트코보다 70퍼센트나 앞서면서도 정작 매출액은 코스트코 쪽이 더 높다. (344억 달러 대 329억 달러) 도대체 시네갈 회장은 어떻게 한 것인가?

우선 그는 대폭 할인된 가격으로 최고 품질의 상품을 제공하는 전략을 구사했다. 그래서 고급 상품에 흥분하고, 반면 평범한 상품에 얼굴을 돌리는 도시인들의 마음을 사로잡는 데 성공했다. 그에 비해 월마트는 광범위한 서민 시장을 기준으로 한 상품 구색을 갖추고 있다.

다음으로 시네갈 회장은 월 스트리트가 자신의 비즈니스를 좌지우지하도록 내버려 두지 않았다. 최근 존 헬리안John Helyan이 〈포춘〉지에 기고한 '월마트가 두려워하는 유일한 회사'라는 제목의 기사를 통해 시네갈 회장은 이런 이야기를 우리에게 들려주고 있다.

"저도 역시 주가에 많은 신경을 쓰고 있습니다. 하지만 그렇다고 해서 한 분기를 위해 어떤 조치를 취하지는 않을 것입니다. 그 분기가 우리 회사 조직, 그리고 우리가 표방하는 것에 해악을 끼칠 게 확실하다면 말입니다."

시네갈 회장은 자신의 월급을 동결하고(35만 달러) 지난 3년 간 보너스를 받지 않음으로써 부하 직원들의 존경을 한몸에 받고 있다. 그는 자신의 연봉과 보너스를 코스트코 매장 매니저가 받는 급여 수준의 두 배 정도로 만족하고 있다. 어떤가? 신선하지 않은가?

이 이야기에서 우리가 얻을 수 있는 교훈이 있다. 바로 리더의 자질은 우세한 상대의 재원을 능가할 수도 있다는 사실이다. 〈포춘〉지는 코스트코의 이사와 투자가들이 한 이야기를 그대로 인용해서 이렇게 전하고 있다.

"샘즈와 우리 코스트코 사이에는 분명한 차이가 있습니다. 우리 회사에는 여전히 살아 있는 샘 월튼 회장이 있습니다. 하지만 월마트는 그렇지가 못하지요."

KeyPoint 자기가 어디로 가고 있는지
알지 못하는 리더는 그 누구도
따르려 하지 않을 것이다.

CHAPTER **8**
전략은 현실이다

과거 몇 십 년 동안, 우리는 미국 굴지의 초일류 기업들이 난항에 부딪히고 실패를 겪는 것을 목격해 왔다. 폴라로이드, AT&T, 제록스, 리바이스, 엔론, 루슨트, 그리고 그 밖에도 많은 회사들이 영웅의 대열에서 한낱 부랑아 신세로 전락해 갔다.

이들은 모두 능력 있는 직원들, 전문 컨설턴트들을 거느리고 월 스트리트의 비호를 받던 재벌 기업이었다. 이 회사 리더들은 수백만 달러에 달하는 연봉을 받았고 언론의 추앙도 받았다. 이런 회사들이었건만 나의 저서 《빅 브랜드, 성공의 조건 Big Brands, Big Trouble》 안에서는 불명예스러운 스타가 되고 말았다. 이 회사들이 뼈저리게 절감한 전략적 교훈은 하나의 간단한 문장으로 요약할 수 있다.

'실제 시장 상황, 그 현실에 접촉하는 데 실패했다.'

성장의 덫

내가 보기에 많은 회사들이 저지른 전략적 실수의 중심에는 월 스트리트가 있다. 월 스트리트는 일이 잘못되도록, 때로는 회복이 불가능할 정도로까지 환경을 조성하는 경우가 많다. 그런 면에서 본다면, 월 스트리트는 문제를 만들어 내는 온상이라고도 할 수 있다.

실제의 온상과 마찬가지로 이 온상도 다분히 성장 지향적이다. 성장에 대한 염원. 바로 이것이 많은 회사들을 잘못된 방향으로 몰고 간 주범이다. 성장은 옳은 일을 행한 후에 얻어지는 부산물이다. 성장 그 자체가 가치 있는 목표가 될 수는 없다. 오히려 성장은 불가능한 목표 뒤에 몸을 숨기고 있는 악마나 다름없다.

CEO들은 자신의 직업적 기반을 다지고, 집으로 가지고 갈 돈의 액수를 늘리고자 성장을 추구한다. 한편, 월 스트리트의 주식 중개인들은 자신의 명성을 다지고, 집으로 가지고 갈 돈의 액수를 늘리고자 성장을 추구한다.

그렇지만 과연 이 성장은 반드시 필요한 것인가? 꼭 그렇지만은 않다. 불필요한 성장을 강행하다가 흔히 일을 그르치는 경우를 생각해 보면, 오히려 성장이란 브랜드에 반하는 하나의 범

죄 행위라고도 말할 수 있다. 다음에 소개하는 실화가 어째서 성장에 대한 염원이 악행의 근원이 될 수 있는지 잘 설명해 주고 있다.

나는 한 종합 제약 회사의 비즈니스 계획을 검토하는 일로 초빙된 적이 있었다. 회의를 하는 자리에서 각 브랜드 매니저들이 차례대로 자리에서 일어나 다음 연도의 사업 계획안들을 발표했다.

그 프레젠테이션 도중에 한 젊은 매니저가 자신의 카테고리에 진입한 어떤 공격적인 새 경쟁사를 언급하면서, 그 회사로 인해 힘의 판도가 바뀔 수도 있다는 우려를 표명했다. 그런데 정작 그 브랜드의 예상 판매율을 타진하는 프레젠테이션에서는 판매율이 15퍼센트나 신장할 것이라는 긍정적인 예측이 나왔다. 나는 그 즉시 새로운 강적이 나타났다면서 어떻게 그 같은 예상이 가능한 것인지 묻지 않을 수 없었다.

그러자 그 매니저는 어떤 단기적 조치를 강행함과 동시에 상품 라인 확장도 도모할 계획이라고 대답했다. 자, 그렇다면 장기적으로 보았을 때 이로 인해 브랜드가 다칠 가능성은 없을까? 당연히 있다. 그런데 왜? 이유인즉, 그 매니저의 상사가 어떻게든 성장을 도모하라고 지시했기 때문이었다. 나는 그 상사라는 사람과 이야기를 해야 했다.

일주일 후, 그 상사는 문제점을 인정했다. 그러면서 그는 자신의 상사 또한 성장을 간절히 원하고 있다는 말을 덧붙였다. 이유는? 그렇다. 바로 월 스트리트 때문이었다.

15퍼센트에 얽힌 망상

〈포춘〉지의 유명한 편집자인 캐롤 루미스(Carol Loomis)는 바로 이 주제와 관련해서 '매출 신장에 대한 경솔한 예측은 목표를 망각하게 하고 주가에 악영향을 끼치며 짜 맞추기식 회계를 양산한다'는 논지의 기사(2001년 2월 5일자)를 쓴 적이 있다.

그때 루미스는 '어째서 CEO들이 이런 고질적인 습관을 버리지 못하고 있는가?'라는 질문을 던지면서 오늘날 중역들에게서 다음과 같은 행동 양식이 공통적으로 나타나고 있다고 설명했다.

규모가 큰 회사들이 표방하는 모든 목표 중에서도 가장 뚜렷하게 나타나는 전형적인 목표는 연간 수익 면에서 15퍼센트 성장을 이루는 것이다. 이는 곧 올스타 팀을 만들겠다는 말이다. 어떤 회사든 매년 15퍼센트씩 매출 신장을 이루게 되면 5년 이내에 연간 수익은 처음의 두 배에 다다른다. 그렇게 되면 그 회사는 주식 시장에서 단연 돋보이는 스타가 되고, CEO는 화려한 퍼레이드의 주인공이 된다.

어째서 이런 일이 일어나고 있는지 알아내기 위해서 꼭 로켓 과학자가 되어야 할 필요는 없다. 이유는 아주 간단하기 때문이다. 바로 월 스트리트의 주목을 끌기 위해서다. 이는 마치 월 스트리트와 경영진이 서로에게 달콤한, 하지만 하나도 득이 될 것

없는 말들을 속삭이면서 추는 허무한 사랑의 댄스와도 같다. 경영진은 유명한 애널리스트들이 회사의 뜻에 따라 움직이면서 자기 회사의 주식을 추천해 주기 바라고, 월 스트리트는 애널리스트들을 돋보이도록 만들어 주면서 더 많은 돈까지 끌어다 줄 승리자를 원한다.

하지만 이 모두가 한낱 망상에 불과하다.

숫자를 둘러싼 진실

캐롤 루미스가 기사에서 지적하고 있는 것처럼, 실제 조사에서도 1년에 15퍼센트 성장을 이룰 수 있는 회사들은 얼마 되지 않는 것으로 나타나고 있다. 〈포춘〉지는 지난 40년의 기간을 셋으로 나누어 150여 개 회사를 대상으로 데이터를 수집했다. (1960년~1980년, 1970년~1990년, 1989년~1999년)

그 각각의 기간에 해당되는 시기에 15퍼센트 이상 매출 신장을 이룬 회사는 고작 서너 곳밖에 되지 않았다. 약 20~30개 회사가 10~15퍼센트, 40~60개 회사가 5~10퍼센트, 20~30개 회사가 0~5퍼센트의 성장을 이루었고, 나머지 20~30개 회사는 마이너스 성장을 나타냈다. 승리자에 못잖게 패배자도 많다는 이야기다.

전체적으로 보았을 때, 그 40년의 기간 동안 150개 회사들의 연간 세후 수익 신장률은 고작 8퍼센트 정도밖에 되지 않는다. 그러니 15퍼센트 수익 신장을 보았다고 하는 것은 평균 수준보다 거의 두 배에 가까운 성장을 이루었다는 말이 된다.

현실이 이러하기 때문에 기업들이 성장률을 계속 높여 가고자 뭔가 좋지 못한 일을 도모하기 시작하는 것도 무리는 아닌 듯싶다.

불가능한 목표

'목표'는 마케팅 계획을 망치는 주범이다. 나는 이 목표라는 것이 마케팅 과정에서 비현실성을 조장하기 십상이기 때문에 적잖은 반감을 갖고 있다. 그러나 무언가를 이루고 싶어 안달이 난 매니저들은 '목표 세우기'를 대단히 좋아한다.

그들이 말하는 5년이나 10년 뒤의 회사 모습에 대한 장기적이면서도 세부적인 계획이란 도대체 무엇인가? 바로 시장 점유율과 자기 자본 이익률$^{\text{return-on-equity}}$(주주 지분에 대한 운용 효율)이다.

이런 유형의 매니저들은 대체로 무언가 개발할 대상을 찾아내려고 노력하는 대신 무슨 일을 일어나게 만드는 데만 급급하다. 새로운 기회를 찾아내려고 하기보다는 기존의 시장을 좇아 가려고만 한다. 또한 외부 지향이 아니라 내부 지향적인 태도를 보인다.

이렇게 최고 매니저라는 사람들이 한낱 희망 사항에 지나지 않는 목표라는 것을 세워 놓고, 그것을 '쏘아 맞추어야 하는 대상', 즉 일종의 표적으로 삼아 비호하려고 애쓰고 있다. 하지만 이런 매니저들이 미처 깨닫지 못하는 사실이 있다. '목표 세우기'에 치우치다 보면 실패를 인정하지 못하고 거부하게 된다. 적절한 대응책을 찾을 겨를이 없다. 비현실적인 목표를 쏘아 맞추는 일에 너무 바쁘기 때문이다.

무리한 판매 목표를 이루는 데만 급급하다 보면, 브랜드 매니저는 불필요한 라인 확장이나 무모한 프로모션을 강행해야 한다는 압박감을 느끼게 된다. 그보다 더 심각한 문제는 어떤 문제를 찾아내고, 그 문제를 정면으로 직시하고, 해결을 위해 발벗고 나설 생각을 하지 못한다는 점이다.

그리고 유연해지지 못한다는 것도 목표 세우기가 야기하는 또 다른 문제점이다. 하나의 목표에만 초점을 맞추고 있으면 다른 방향을 택했을 때 취할 수 있는 다양한 기회를 놓쳐 버리게 될 가능성이 크다.

무조건 크고 볼 일이다?

우리는 지금 '크다'는 것과 관련되어 발생하는 모든 문제점과 '성장'의 위험성에 관해 살펴보고 있다. 그렇다면 성장에 대한 간절한 염원은 정말로 모든 노력을 기울일 만한 가치가 있는 것인지 한번 짚고 넘어가 보기로 하자.

누구든지 성장에 관한 연구를 시작하자마자 곧바로, 크다는 사실이 무조건 좋은가에 대해 심각하게 의문을 제기하는 수많은 조사와 분석 결과들을 접할 수 있을 것이다. 나 또한 이 주제에 대한 연구의 막바지에 이를 무렵에는 CEO들이 도대체 무슨 생각으로 합병이라는 덫에 앞다투어 뛰어들고 있는 것인지 궁금해지기 시작했다.

일단 돈을 많이 벌고 성공을 거두게 되면 그 회사는 아무것도 바꾸고 싶어하지 않는다. IBM은 자신의 메인프레임 컴퓨터가 소형 컴퓨터로 바뀌는 것을 보고 싶어하지 않았다. GM은 자신의 대형 자동차가 소형 자동차로 바뀌는 것을 보고 싶어하지 않았다.

여기까지 오면 회사의 주력 사업에 흠집을 낼 수 있다고 판단되는 새로운 아이디어는 언제나 찬밥 신세를 면치 못한다. 크게 성공한 기업 중에 이런 말을 하는 곳이 있던가?

"호, 그것 더 좋은 아이디어로군, 그래. 그럼, 이제 우리의 원래 아이디어는 버리기로 하지."

그보다는 어떻게든 그 새로운 아이디어의 결점을 집어내려고 기를 쓴다. 그 사람들은 이 새 아이디어가 소위 말하는 '파괴적 기술disruptive technology('와해성 기술' 이라고도 하며, 기존 산업 지도와 업계 판도를 바꿀 만한 파괴력을 보유한 신기술)' 이 되는 수준까지, 또 힘의 균형을 바꾸어 놓는 수준까지 개발될 수도 있다는 생각을 결코 하지 못한다.

마켓 리더라면 더 좋은 아이디어로 자기 자신을 끊임없이 공격하는 일에 긍정적이어야 한다. 만일 그렇지 못하다면 다른 회사의 누군가가 하게 될 것이다.

융합으로 크기 위장하기

회사들은 최근 들어 커지기 위한 구실로 소위 '컨버전시 convergence(융합, 통합, 제휴라고도 하는 개념으로, 서로 다른 테크놀로지, 시장, 카테고리 등을 합쳐 시너지 효과를 도모하려는 새로운 마케팅 노력)'이라는 것을 만들어 냈다. 컨버전시의 공식은 이렇다.

'경영진이 보기에 테크놀로지가 컨버전시, 즉 융합을 이루고 있다고 예측되면, 그 지점에 어떻게든 합류하기.'

이런 컨버전시 현상이 가장 두드러지게 나타났던 곳이 바로 미디어 세계다. 6개 방송사 모두 영화와 텔레비전 프로덕션을 중심으로 자사 네트워크를 하나로 묶었다. 다시 말해 방송 비즈니스의 'A부터 Z까지' 말 그대로 모든 것을 한군데로 모으겠다는 말이다. 이런 시류를 타고 이미 5개 회사(비아콤, 타임 워너, 월트 디즈니, 뉴스 코포레이션, 제너럴 일렉트릭)가 메가 합병에 발 벗고 뛰어든 상태다.

하지만 시간이 지나면서 이와 같은 거래들이 문제가 많은 것으로 드러나고 있다. 컨버전시를 통해 일종의 마케팅 대혁신을 이루려고 했다기보다는 모종의 회계 문제가 연루되어 있다는 사실이 밝혀진 것이다. 이와 관련해 〈뉴욕 타임즈New York Times〉의 하워드 스트링거Howard Stringer 기자가 쓴 기사를 보자.

'컨버전시를 둘러싼 거래가 사실은 구매 회계 시스템과 연관 있는 것으로 드러났다. 2년이 지나고 나면 회계 장부를 열어 본 사람은 그동안의 문제가 무엇 때문이었는지 알게 될 것이다.'

크면 관리가 잘되지 않는다

경제학자들은 규모가 큰 조직을 관리하는 어려움에 대해서 많은 연구를 해오고 있다. 하지만 정작 나는 영국의 인류학자인 로빈 던바Robin Dunbar 박사에게서 조직 관리와 크기에 대한 최고의 연구 결과를 얻어 낼 수 있었다.

말콤 글래드웰Malcolm Gladwell은 《티핑 포인트The Tipping Point》라는 명저를 통해 던바 박사의 연구 결과를 소개하고 있다. 던바 박사의 연구는 스스로 이름 붙인 '사회적 역량social capacity'이라는 개념, 그리고 우리 인간이 안정감을 유지하며 운영할 수 있는 집단의 크기 등에 대해 다루고 있다. 던바 박사의 연구 결과에 따르면, 인간은 모든 영장류 중에서 가장 큰 사회적 집단을 형성한다고 한다. 인간만이 복잡한 사회적 결합 구조를 관리할 수 있을 정도의 큰 뇌를 가진 동물이기 때문이다. 던바 박사에 의하면, 우리 인간은 서로가 서로를 알고, 또 서로가 서로에게 어떻게 연관되어 있는지 아는 상태에서 최대 150명까지 순수한 사회적 인간 관계를 형성할 수 있다고 한다.

글래드웰은 던바 박사의 연구를 통해 '크기'에 대해 다음과 같은 결과를 얻어 냈다.

일정 크기 이상의 집단을 관리하는 사람은 집단 구성원들의 충성과 단결을 도모하기 위해 복잡한 법규, 규율, 그리고 공식적인 판단 기준을 만들어 내야만 한다. 그리고 집단을 구성하는 개인의 수가 150명 이하인 경우에는 던바 박사의 아래의 주장대로 이와 같은 목표를 달성할 가능성이 높다.

"150명 이하의 규모에서는 명령이 수행될 가능성이 높으며, 반항적인 행동 또한 사적인 충성심과 직접적인 개인 대 개인의 접촉을 기반으로 통제가 가능하다. 이에 비해 보다 규모가 큰 집단의 경우는 그런 일이 불가능해진다."

개인의 발자국 남기기

오늘날 수많은 대기업들 사이에서 일어나고 있는 일은 결코 던바 박사가 바라던 바가 아닌 셈이다. 모든 고등 영장류는 '반사성 개인 어젠더agenda'를 갖고 있다. 예를 들어 회사 차원에서 최선이 될 수 있는 결정과 개인적 차원에서 최선이 될 수 있는 결정을 동시에 맞닥뜨리게 될 경우, 인간은 자기 자신의 경력에 도움이 된다고 생각되는 쪽을 선택할 가능성이 높다는 말이다. 다른 말로는 '자기 발자국 남기기'라고도 표현할 수 있다.

그동안 죽 비즈니스 세계에 몸담아 오면서 나는 마케터가 새로운 과제를 맡게 되면서 이렇게 말하는 경우는 단 한 번도 본 적이 없다.

"모든 게 아주 좋아 보이는군. 하나도 건드리지 말고 그대로 두어야겠어."

그보다는 하나같이 의욕에 불타 일에 달려들어 '발전'을 이루어 내고 싶어한다. 하나같이 '발자국'을 남기고 싶어 안달이다. 가만히 앉아 있으려니 어째 옳은 행동 같지가 않다. 사무실마다 사람들이 꽉꽉 들어차 있다면, 그 회사는 자사 브랜드가 잠시도 쉴 틈 없이 들쑤심을 당하리라는 사실을 각오해야 한다. 그래야만 그 사람들이 지루하지가 않겠다니 어찌하랴?

하지만 이 때문에 애꿎은 브랜드가 곤란을 겪을 수 있다. 사람이 많으면 많을수록 그 사람들을 관리하기는 더욱 더 힘이 들 수밖에 없다.

고전하는 CEO들

성장과 크기에 대한 집착 때문에 많은 초대형 기업들이 고전을 면치 못하고 있다. 다임러크라이슬러^{DaimlerChrysler}는 크라이슬러에서만 2만 6,000명의 직원을 감원했다. 뱅크 오브 아메리카 코퍼레이션$^{Bank of America Corporation}$과 뱅크 원$^{Bank One}$은 합병 후 높아진 경비 부담을 감당하지 못해 쩔쩔매고 있는 실정이다.

상황이 이 정도에 이르고 보니 〈월 스트리트 저널〉은 크기 때문에 고전하고 있는 CEO들에 대해 전격적으로 다루지 않을 수가 없었을 것이다. 〈월 스트리트 저널〉은 이제 한 회사를 운영하는 사람은 '새로운 종류의 복잡함과 새로운 강도의 혼란스러움'을 감당해야 한다며 이 문제를 다음과 같이 요약하고 있다.

자본은 전 세계를 정신 없이 헤집고 다닌다. 경제는 소용돌이치고 소비자 취향은 시시각각으로 변하고 있다. 정보는 수익성 예측, 아니면 추악한 루머가 되어 눈 깜짝할 사이에 세상으로 퍼져 나간다. 이런 속에서 둔한 움직임을 보이거나 주저하고 있다가는 요주의 대상이 되기 십상이다. 제한된 정보로도 결정은 신속하게 이루어져야 한다. 시간이 지나면서 기업은 갈수록 비대해져 가고 있으며 이 때문에 직원들과 커뮤니케이션을 하는 것과 같은 단순한 일상적 기능마저도 힘겨워 지고 있다.

오늘날의 CEO들은 어째 잠자리가 편치 않을 듯싶다.

계속 접촉하기

오늘날 많은 CEO들이 자신의 에너지를 새로운 테크놀로지로 대체시키느라 분주하다. 어떤 CEO는 3만 명이나 되는 직원 한 사람 한 사람에게 피드백을 요구하는 이메일을 주기적으로 보낸다. (그 때문에 프린트 더미 속에 허리까지 묻혀서 도움을 청해야 할 처지다.) 혹시라도 메시지가 잘못 전달될까 싶어 같은 말을 반복하는 화상 회의를 주기적으로 갖기도 한다. (똑같은 말을 계속 하려니까 지겨워서 못 견딜 지경이다.) 또 1년에 15만 마일 이상이나 되는 출장 길도 마다하지 않고 시도 때도 없이 비행기 여행을 한다. (몸이 더 이상 시차 적응을 못하는 지경에 이른다.)

하지만 내가 정말로 우려하는 바는 갈수록 CEO들이 대외 홍보 및 투자가와의 관계에 더 많은 시간을 할애해야 한다고 생각하고 있다는 점이다. 내가 아는 CEO 중에도 일주일에 꼬박 하루는 이런 일을 하고 있는 이가 있다. 그가 내세우는 이유는 이러했다.

"대형 투자가들은 회사와 지속적으로 접촉을 원합니다. 주요 주주들과 이야기를 나누는 일은 이제 나의 일상 업무가 되어 버렸습니다."

그렇다면 진짜 CEO가 해야 할 일은 다른 사람이 대신해서 하고 있다는 말이다.

자, 이쯤 되면 사태의 심각성을 깨달았으리라. 지금 대기업 CEO들이 나중에 치명타를 입게 될지도 모르는 중요한 결정들에 할애할 시간을 확보하지 못하고 있는 것이다. "이 사안에 더 많은 시간을 할애하고 싶긴 하지만 먼저 주요 투자가에게 전화부터 해 줘야 돼." 이런 식이다.

CEO들의 취임 기간이 짧아지고 있는 것도 무리가 아니라 하겠다. CEO들은 회사의 경쟁 상황에 대해, 그리고 무엇이 회사를 독특하게 만들어 줄 수 있는지에 대해 누구보다 잘 알고 있어야 한다.

실제 시장의 현실

나는 CEO들이 오늘 당장 모든 사람, 모든 사안에 대해 골고루 접촉할 수는 없다 해도 적어도 이것 하나만큼은 초점을 맞추고 있어야 한다고 조언하고 싶다. 바로 실제 시장의 현실이다.

만일 회사의 마케팅 전문가가 새로운 부품을 들고 찾아온다면, 그와 비슷한 성격의 부품이 기존 시장에 얼마나 많이 존재하고 있는지 먼저 물어 보라. 그리고 그 마케터에게 왜 사람들이 다른 회사 제품을 제쳐 두고 우리의 부품을 사야 하는지 설명해 보라고 요구하라. 이때 적절한 대답을 하지 못하거든 그 마케터를 계획 입안 작업으로 다시 돌려보내라. 하지만 그 마케터를 보내기 전에 포지셔닝의 첫 번째 원칙 중 하나가 '더 훌륭하기보다는 원조가 되는 편이 더 낫다'라는 것을 일깨워 주라. 중요한 것은 '현실'이지 '희망 사항'이 아니다.

휴렛패커드[HP]의 창립자 중 한 사람인 데이비드 패커드[David Packard]는 이 책을 마무리짓는 데 있어 대단히 적절한 혜안을 제공해 주고 있다.

"마케팅 부서만 책임지고 있기에는 마케팅은 너무나 중요하다."

KeyPoint 목표는 꿈에 지나지 않는다.
잠에서 깨어나 현실을 직시하라.

옮긴이 · 이수정

이화여자대학교 신문방송학과를 졸업하고 고려대학교 언론대학원을 수료했다. 대학 졸업 후 삼성그룹의 CATV 아나운서와 사보 기자를 거쳐 광고 회사에서 카피라이터 및 AE로 활동했다. 영국 BBC 방송국이 제작한 교육용 애니메이션 〈Fourways Farm〉을 비롯한 다수의 기업 홍보물을 번역했으며, 세계적인 음악 잡지 〈Jazz Hipster〉의 번역에도 참가했다. 현재는 미국 뉴저지 주에 거주하면서 일본어 및 영어 전문 번역가로 활동하고 있다. 번역서로는 《나는 나 그래서 아름답다》, 《브랜드 전쟁》, 《Where the Money is: 돈 어디에 있을까》, 《누드로 대화하기》 등이 있다.

잭 트라우트, 비즈니스 전략

1판 1쇄 인쇄 2004년 7월 15일
1판 1쇄 발행 2004년 7월 20일

지은이 잭 트라우트
옮긴이 이수정
발행인 고영수
발행처 청림출판
등록 제9-83호(1973. 10. 8)
주소 135-816 서울시 강남구 논현동 63번지
전화 02)546-4341 **팩스** 02)546-8053

www.chungrim.com
cr1@chungrim.com

ISBN 89-352-0570-2 03320

가격은 뒤표지에 있습니다.
잘못된 책은 교환해 드립니다.